ガスの炎でおいしい楽エコごはん

講談社

目次

5 はじめに
「環境に優しい食育協議会」委員長
服部幸應（学校法人服部学園 理事長）

6 環境にやさしく、おいしく調理
エコ・クッキングをはじめましょう
「環境に優しい食育協議会」委員
石井克枝（千葉大学教育学部 教授）

10 五感を働かせて、料理上手を目指しましょう
「環境に優しい食育協議会」委員
田中健一郎（帝国ホテル専務執行役員 総料理長）

Part1
土鍋やいつもの鍋で
ラクラク余熱調理

12 きのこのクリームソースのペンネ
13 アレンジ トマトとなすのチーズペンネ
14 ポトフ
16 肉じゃが
18 ミネストローネ
　　＋エッグサラダマフィン
20 野菜がおいしいサブおかず
　　ほうれんそうの海苔あえ
　　簡単ミックスナムル
　　もやしの中華サラダ
　　キャベツとツナのマスタードサラダ
　　にんじんとキャベツのごまあえ
　　ブロッコリーの明太マヨネーズ
　　かぼちゃサラダのピーナツ風味
　　大根ステーキ
　　きのこのおろしあえ
　　いんげんのカレーマヨあえ
　　里芋のチーズ焼き
　　里芋の甘辛たれ
24 ふるふる湯豆腐とたれ4種
26 なめらか土鍋プリン

Part2
グリルでメインとサブを
同時調理

28 グリルチキン
　　＋グリル野菜のバーニャカウダ
30 鶏もも肉の照り焼き＆野菜の串焼き風
　　＋キャベツの塩昆布あえ
32 豚肉のグリル＋焼ききのこのマリネ
34 グリルポークのハニーマスタードソース
　　＋じゃがいもとズッキーニのバジル風味
36 鮭の包み蒸し＋白あえ風サラダ
38 さばの焼きびたし
　　＋きのことれんこんのしょうがホットサラダ
40 簡単ローストビーフ
　　＋焼き野菜のエスニックサラダ
42 タンドリーチキン
　　＋炒めない野菜のナンプラー炒め
44 豚ばら肉と野菜のゆずこしょう丼
　　＋きゅうりのナムル
46 ナシゴレン風焼き飯
　　＋グリルウインナのサラダ
48 えびとしらすのパンピザ
　　＋クイックピクルス
50 グリルでおつまみ5点セット
　　アスパラと厚揚げの肉巻き
　　枝豆
　　じゃがいものチーズ焼き
　　ゆで卵のカナッペ
　　ミニ焼きおにぎり
52 ラスク＋フルーツチーズディップ

Contents

Part3
フライパンひとつで
段取り調理

- 54 石焼き風ビビンバ
- 56 ドライカレーの目玉焼きのせ
- 57 アレンジ　パット・ガパオ
- 58 ふっくらハンバーグの3色野菜添え
- 60 ごまみそシューマイ
  - +たっぷり蒸し野菜
- 62 豚肉の卵とじ丼
  - +えのき茸と三つ葉のスープ
- 64 豚肉のしょうが焼き丼の
  - エリンギソテー添え
- 66 肉野菜炒め+卵スープ
- 68 白菜と豚肉の重ね蒸し
  - +もやしのみそスープ
- 70 シーフードときのこのあんかけ焼きそば
  - +大根の甘酢漬け
- 72 えびと卵のチリソース丼の
  - チンゲンサイ添え
- 74 厚揚げとうずらの卵のコチュジャン煮
  - +キャベツとしめじのナムル

- 76 フライパンde炊き込みご飯
  - +アスパラのマリネ
- 78 鶏肉入り卵ご飯の中華おやき
  - +貝割れ菜と豆腐のスープ
- 80 鶏手羽と根菜のみそ煮込み丼
  - +ほうれんそうのおかかあえ
- 82 魚介のトマト煮
  - +きのこソテーのサラダ
- 84 ぶりの竜田焼き
  - +えのき茸の梅いり
- 86 じゃがいもとナポリタンライスの
  - 重ね焼き
- 88 トマトとレタスの卵炒め
  - +バタートーストとカリカリベーコン
- 90 フレンチトーストの
  - オレンジホットソース
- 91 アップルホットケーキ

- 92 料理を作る前に知っておきたい食材の基本
  「環境に優しい食育協議会」委員
  曽我部多美（全国小学校家庭科教育研究会　会長）
- 94 料理を作る前に知っておきたい調理の基本
  「環境に優しい食育協議会」委員
  久保田紀久枝（お茶の水女子大学　名誉教授）

この本の材料と作り方について

■計量の単位は、カップ1は200ml、大さじ1は15ml、小さじ1は5mlです。

■皮つきのまま使う野菜やトマトのへたの部分などは、きれいに洗ってから使ってください。

■だし汁は、特にことわりがないかぎり、昆布とかつお節の合わせだしです。
＊合わせだしの取り方
材料　作りやすい分量
水カップ2　昆布6cm角1枚　削り節8g
鍋に水と昆布を入れて30分おいて火にかける。沸騰直前に昆布を取り出し、沸騰したら削り節を加え、再沸騰したら火を止める。削り節が沈んだらこす。
場合によっては市販の和風だしの素でも代用可能ですが、塩分が含まれているものについては塩などの使用量を減らしてください。

■グリルは両面焼きグリルを強火で使用したときの加熱時間を目安で表記しています。機種や網上の置き場所や、食材の大きさなどによって変わる場合がありますので、様子を見ながら加熱時間を調節してください。グリルの火力については、特に記載がない場合は強火です。片面焼きグリルの場合は途中で食材を裏返すなどし、火力や加熱時間を調節してください。
本書では、置き方の一例を示しました。中身をわかりやすくするために、アルミホイルの口を開けた状態で写真を掲載したものがあります。作り方に「口を閉じる」と明記されたものについては、必ずアルミホイルの口を閉じてからグリルに入れてください。

■余熱を利用する場合、使用する鍋の大きさ、食材の切り方や水との分量比などによって余熱利用時間が変わる場合があります。また、余熱を利用して作ったものは、早めに食べきるようにしてください。

■おいしく作るための火加減をレシピに記載しました。弱火、中火、強火の炎の大きさは下記のイラストを参考にしてください。

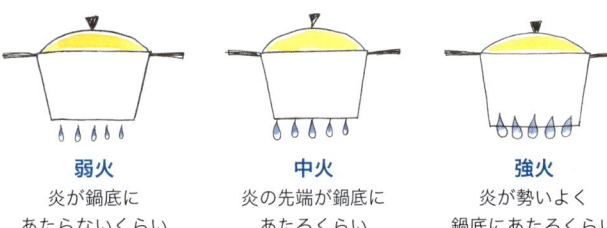

弱火
炎が鍋底にあたらないくらい

中火
炎の先端が鍋底にあたるくらい

強火
炎が勢いよく鍋底にあたるくらい

はじめに

今では、すっかり食育という言葉が浸透しつつありますが、私が食育を初めて提唱したのは、今から20年ほど前のことです。当時は、食育といってもまったく未知の分野でしたから、食育を具体的に進めていくにあたり、3つの大きな柱を考えました。

1つめが「選食力を養う」です。

選食力とは、どのようなものを食べたら安全で健康を維持できるかを考えて食べ物を選ぶ力のことです。私たちの周りには調理済みの加工食品があふれています。確かに利便性はありますが、どのような材料が使われ、調理されているかわかりません。そこには当然ながらリスクが伴います。また、味つけが濃いため、味覚が鈍くなることも心配されていますし、栄養のバランスが偏りがちです。

アメリカのある大学の研究で、家庭でよく食事を作る人のほうが作らない人に比べ、外食する際にも健康的でカロリーの少ない食事を選ぶ傾向にあるということがわかりました。また、自分で作る人ほど野菜の摂取量が多いということも研究でわかっています。自分で料理を作ることは、選食力が養われる近道といえるのではないでしょうか？

2つめの柱は「共食力を身につける」です。

これは、食事の作法や食に対する感謝の気持ち、人に対する思いやりの気持ちを育むことを意味しています。「共食」の最初は授乳ですが、授乳中、母親の脳から母子の絆を深める「オキシトシン」というホルモンが出ていることがわかりました。オキシトシンは一緒に食卓を囲むときに男女ともに出ています。せっかく料理を作ったら、一人で食べないで大切な人と一緒に食べてください。

3つめの柱が「地球の食を考える」です。

これは、食を通して地球環境やエネルギー問題について考えようということです。地球温暖化やエネルギー枯渇の危機が叫ばれるなか、日々の食事をとるだけでも地球環境にどれほどの負担をかけているかを知り、自分たちの食のあり方を考え直すことは、この地球で生きる一員としての義務ではないでしょうか？

これからの食生活は、自分たちの健康と地球環境を守ることが両輪になっていきます。

この本が、一人でも多くの方にとってそのヒントになれば幸いです。

「環境に優しい食育協議会」委員長　服部幸應（学校法人服部学園　理事長）

環境にやさしく、おいしく調理 エコ・クッキングをはじめましょう

おいしい食事は、私たちのからだと心の元気の源です。そして、その食を育んでいるのが地球です。
ところが、地球温暖化の影響を受けて、食料生産は危機的な状況にあります。
いつまでも、食を豊かに楽しむために、環境にやさしい暮らしをはじめませんか？
その第一歩が台所からはじめるエコ・クッキングです。
エコ・クッキングとは、「環境のことを考えて買い物、調理、片づけをすること」。
この本は、全体を通してエコ・クッキングの視点で作りました。
各レシピのエコ・ポイントについては、それぞれのページで説明しています。
ここでは、料理を作るときに実践してほしいエコ・クッキングの基本を中心にご紹介します。

買い物 編

■旬の食材を選びましょう
旬は、野菜や果物などが自然にたくさんとれる時期のこと。食材によっては一年中見かけるものもありますが、それは、エネルギーを使って温室栽培をしているから。旬の食材なら、栽培にかかるエネルギーも少ないうえに、安くておいしく栄養もあります。

■地産地消を心がけましょう
食材の運搬には、膨大なエネルギーが必要です。運搬の距離が近い地元や近郊でとれた食材を選ぶようにしましょう。

■必要な量だけ買いましょう
安売り品はついまとめ買いをしたくなりますが、食べきれるかどうか考えてから買いましょう。また、冷蔵庫にあったのに買ってしまったということもありがちです。買い物に行く前には、冷蔵庫のチェックをしましょう。

買い物に行くときは
エコバッグを忘れずに！

「エコ・クッキング」は東京ガス株式会社の登録商標です。

調理 編

■ **調理くずを減らしましょう**

野菜の皮や茎、芯の中には、食べられるものがあります。皮ごと食べられるものは皮ごと利用し、へたを取るときなども、その部分だけを小さく切り取るようにしましょう。

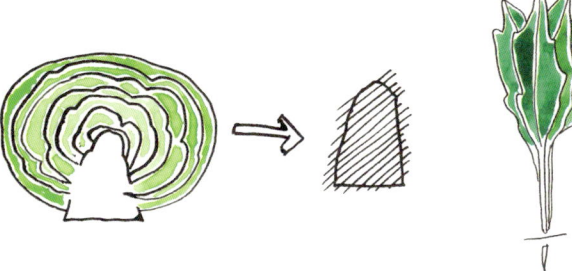

■ **環境にやさしい熱源を選びましょう**

台所で使っているガスや電気は、LNG基地や火力発電所などで作られたエネルギーが、ガス導管や送電線を介して家庭に届けられたものです。家庭までロスを出さずに届いているほうが、環境にやさしいエネルギーです。

また、石油や石炭、天然ガスからガスや電気が作られるときに二酸化炭素が発生しますが、この中で発生量の少ないのは都市ガスの主原料の天然ガスです。

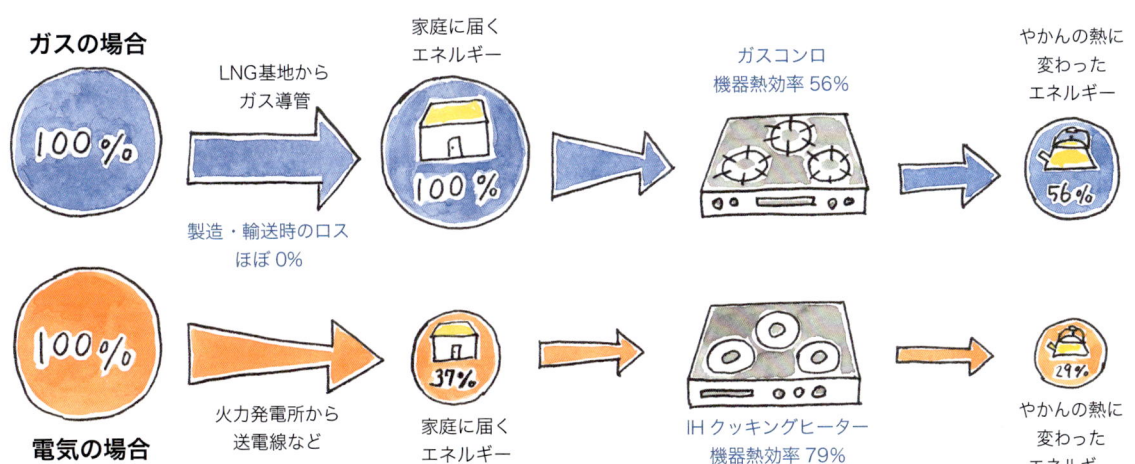

資料　東京ガス株式会社「ウルトラ省エネブック」

調理編

■省エネな調理法を工夫しましょう

余熱調理

火を消したあとの余熱を利用して加熱するのが余熱調理。ある程度まで加熱したら火を消し、鍋のふたをしたままおいておくだけで、食べられる状態にすることができます。余熱調理はエネルギーの節約になるだけでなく、加熱しすぎによる失敗や煮くずれを防ぐこともでき、料理に慣れていない人や初心者にもおすすめの調理法です。

余熱を利用したレシピをPart 1 でご紹介しています。余熱調理のコツをつかむと、野菜の下ごしらえがとても楽になります。

同時調理

一つの鍋やガスコンロのグリルを使って、複数の食材を一緒に加熱するのが同時調理。野菜類はまとめてゆで、パスタをゆでるときには具材も一緒にゆでてしまいましょう。

グリルで肉や魚などを焼くときは、サブおかずもまとめて加熱しましょう。アルミホイルを利用すれば蒸し焼きができ、野菜の下ごしらえもできます。

グリルを使った同時調理のレシピをPart 2 でご紹介しています。グリルで焼いた肉は脂質がカットできてヘルシーです。

ひとつの鍋で段取り調理

加熱する順番を考え、鍋類やゆで水を使いまわすのが段取り調理。炒めるときも、野菜などは最初に炒めて取り出し、肉やたれをからめるものはあとに炒めると、ひとつのフライパンでOK。フライパンを洗う手間も、そのつどフライパンを温めるエネルギーもカットできます。野菜をゆでるときは、アクの少ないものからゆでて、同じゆで水を使いまわしましょう。

フライパンを使いまわして作るレシピをPart 3 でご紹介しています。フライパンひとつで焼き物から炒め物、煮物、汁物までなんでもできます。

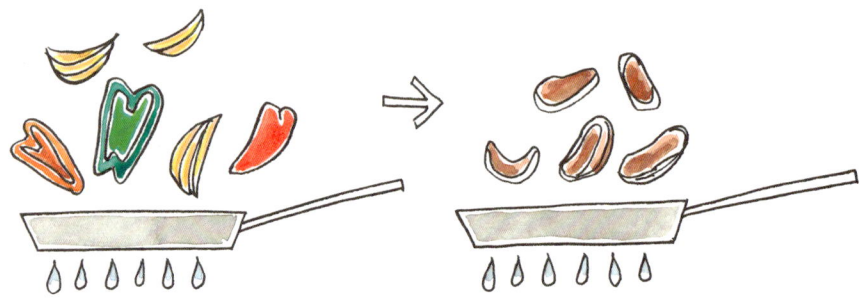

■エネルギーを効率よく使いましょう
鍋底の水滴を拭き取ってから火にかける

鍋ややかんの底に水滴がついたまま火にかけると、水滴を蒸発させるための余分なエネルギーが必要になります。水滴を拭き取るだけで、約2％のガス量の節約になります。

鍋底から炎がはみ出さないようにする

鍋底からはみ出した炎は鍋に伝わらずむだになってしまいます。強火にしたときは特に気をつけましょう。逆に弱すぎても時間がかかり放熱量が多くなってしまうので注意しましょう！

鍋を火にかけるときはふたをする

お湯を沸かしたり、食材を煮たりゆでたりするときにふたをすると、約15％のガス量が節約できるだけでなく、調理時間も短縮できます。

最近のガスコンロには、セットした時間になるとピピッと音で知らせてくれたあと自動で消火する「コンロ調理タイマー」や、設定温度をキープする「温度調節機能」などがついたものがあります。どちらもエネルギーのむだを防いでくれます。

片づけ編

■節水を心がけ、排水を汚さないように注意しましょう
油で汚れた食器は重ねない

汚れていない食器まで汚し、洗う手間も水も洗剤も増やすことになってしまいます。

洗い桶を使う

こびりついた汚れは、洗い桶につけて落ちやすくしてから洗いましょう。

鍋や皿は汚れを拭き取ってから洗う

汚れを拭き取る際は、不要な紙や布きれを利用しましょう。

汚れの少ないものから順番に洗う

油汚れのないものは、洗剤を使わずに洗いましょう。

生ごみは、できるだけ水けをきってから捨てたほうが、焼却などにかかるエネルギーが節約でき、悪臭防止にもなります。

監修 「環境に優しい食育協議会」委員 石井克枝（千葉大学教育学部 教授）

五感を働かせて、料理上手を目指しましょう

7年ほど前から、小学生を対象に味覚教育の活動を行っています。

味覚は主に8歳ごろまでに形成されるといわれています。特に味覚は食習慣の影響を受けやすく、幼少期に食べ慣れた味を大人になってもおいしいと感じる傾向にあります。したがって、この年代のうちに健全な味覚を形成しておくことは、健康のためにも重要です。

味覚教育では、食べ物の5つの基本味、「甘味」「塩味」「酸味」「苦味」「うま味」を認識し、五感で感じるおいしさ、五感を働かせて味わうことの大切さを学びます。最初は、おいしい＝甘いと思っていた子どもたちが、おいしさには食感、香り、見た目などいろいろあることに気づき、感性が見違えるほど豊かになっていくのがわかります。

食べるときに大切な五感ですが、同様に五感を働かせていただきたいのが調理です。

帝国ホテルの伝統メニューに「シャリアピンステーキ」というのがあります。シャリアピンステーキは、薄切りにし、肉叩きで叩いたランプ肉をすりおろした玉ねぎに漬け込んでから焼き、その上にバターで炒めた玉ねぎをのせた料理で、肉の上にのせたみじん切りの玉ねぎの炒め方がポイントの一つになります。玉ねぎの甘味を引き出し、きれいな黄金色に炒めることが求められますが、そのためには炒めているときの玉ねぎの色や香り、甘味、音の変化、味見をして確認をする歯触りなど、五感を働かせていないと上手に炒めることはできません。五感を働かせることによってはじめて、フライパンの中の玉ねぎが、どの程度まで火が入り、十分に甘味が引き出せたかといったような、いろいろな情報を受け取ることができます。

この本のレシピでは、材料を加えたり火を止めたりするタイミングを五感で判断できるよう、「香りが立ってきたら」「焼き色がついたら」といった説明をできるだけ補うようにしました。五感を意識して調理してみてください。意識しないときよりもおいしく、イメージに近い料理に仕上がります。

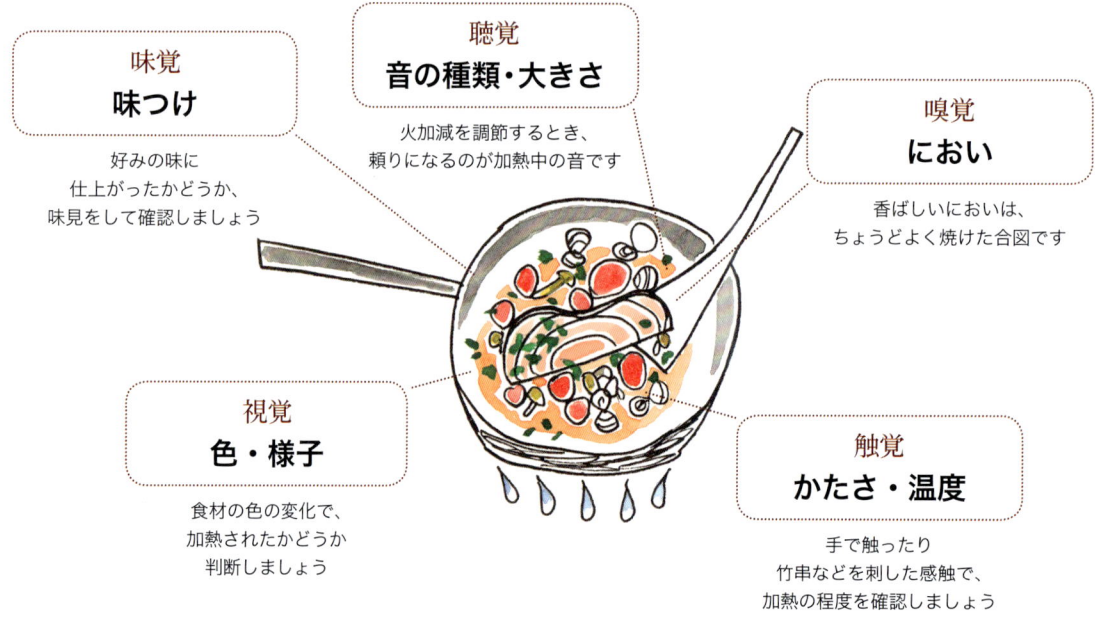

味覚　味つけ
好みの味に仕上がったかどうか、味見をして確認しましょう

聴覚　音の種類・大きさ
火加減を調節するとき、頼りになるのが加熱中の音です

嗅覚　におい
香ばしいにおいは、ちょうどよく焼けた合図です

視覚　色・様子
食材の色の変化で、加熱されたかどうか判断しましょう

触覚　かたさ・温度
手で触ったり竹串などを刺した感触で、加熱の程度を確認しましょう

「環境に優しい食育協議会」委員　田中健一郎（帝国ホテル専務執行役員 総料理長）

Part1
土鍋やいつもの鍋で
ラクラク余熱調理

火を消したあとの余熱を利用する余熱調理は、
鍋の中の様子を気にしながら火加減を調節する必要がありません。
そのまま置いておくだけの簡単調理です。

きのこのクリームソースのペンネ

パスタのゆで時間の半分に余熱を利用。
ゆで汁がそのままソースになるので
フライパンひとつで完成！
パスタ料理の常識が変わります。

材料　2人分
- ペンネ　100g
- きのこ類(エリンギ、しめじなど)　120g
- 玉ねぎ　⅓個
- ベーコン(薄切り)　3枚
- オリーブオイル　大さじ1
- にんにく(みじん切り)　½かけ
- A ┬ 塩　小さじ⅙
　　└ 水　350㎖
- 生クリーム　60㎖
- 塩、こしょう　各適量
- パセリのみじん切り(あれば)　適量

作り方
1. きのこ類は食べやすい大きさに切る。玉ねぎは薄切りに、ベーコンは1㎝幅に切る(a)。
2. フライパンにオリーブオイルとベーコンを入れて**中火**にかけ(b)、ベーコンから脂が出てくるまで炒める(c)。
3. にんにくと玉ねぎを2に加えてよく炒め、きのこ類を加えてさらに炒める(d)。
4. Aを3に加えてふたをし、沸騰したらペンネを入れて軽く混ぜて再びふたをし(e、f)、**中火で袋の表示時間の半分の時間ゆでる。火を消してそのままゆで時間の残り半分の時間をおいて余熱でゆでる。**
5. ペンネがやわらかくなったら**強火**にかけ、生クリームを加えて塩、こしょうで味をととのえる(g)。皿に盛りつけ、あればパセリを散らす。

[アレンジ] トマトとなすのチーズペンネ

材料　2人分
ペンネ100g　玉ねぎ⅓個　なす1本　トマト大1個　ベーコン(薄切り)3枚　オリーブオイル大さじ1　にんにく(みじん切り)½かけ　赤唐辛子(小口切り)½本　A[塩小さじ⅙　水350㎖]　塩、こしょう各適量　モッツァレラチーズ60g　バジル(好みで)適量

作り方
1. 玉ねぎは薄切りに、なすとトマトは1.5～2㎝角に、ベーコンは1㎝幅に切る。
2. フライパンにオリーブオイルとベーコンを入れて中火にかけ、ベーコンから脂が出たらにんにく、赤唐辛子、玉ねぎを入れて炒め、さらになす、トマトの順に加えて炒める。
3. ペンネは上記のきのこのクリームソースの作り方4と同様にゆでる。
4. ペンネがやわらかくなったら再び中火にかけて塩、こしょうで味をととのえ、角切りにしたモッツァレラチーズを入れて軽く混ぜ、器に盛りつけて好みでバジルを飾る。

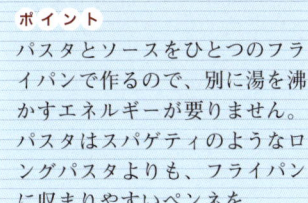

> **ポイント**
> パスタとソースをひとつのフライパンで作るので、別に湯を沸かすエネルギーが要りません。パスタはスパゲティのようなロングパスタよりも、フライパンに収まりやすいペンネを。

ポトフ

豆腐を加えたポトフはやさしい味わい。
材料を時間差で加えるのがコツ。

材料 作りやすい分量
じゃがいも　1個
にんじん　½本
玉ねぎ　½個
いんげん　4〜5本
木綿豆腐　½丁
ウインナソーセージ　4本
固形スープの素　2個
水　1.2ℓ
塩、こしょう　各適量

作り方

1. じゃがいもは、皮をむいて半分に切ってからそれぞれ3等分に切る。にんじんは8mm厚さの半月切り、玉ねぎは皮をむいて2〜3mm厚さの薄切り、いんげんは長さを半分に切り、豆腐は4等分に切る。
2. 鍋にじゃがいも、にんじん、玉ねぎ、水、固形スープの素を砕きながら入れ（**a**）、ふたをして**強火**にかけて加熱する（**b**）。
3. しっかりと沸騰させたらウインナソーセージ、1のいんげん（**c**）、豆腐を入れて再びふたをし（**d**）、中火にして**3分間沸騰を継続**させる。
4. 火を消してそのまま30分おいて**余熱で煮る**。野菜がやわらかくなったら、塩、こしょうで味をととのえる。

> **ポイント**
> 根菜類は先に入れて煮はじめ、あとからいんげんと豆腐、ウインナを加えます。加熱しすぎるとうまみが抜けやすいウインナも、余熱で火を入れるのでおいしさをキープ。

肉じゃが

「煮くずれ」の悩みは、余熱調理で解決。
煮汁はやや濃いめに味つけするのがコツ。

材料 作りやすい分量
牛肉　150g
じゃがいも　2個
玉ねぎ　1個
にんじん　½本
しらたき　100g
A・水　カップ1½
　しょうゆ　大さじ4
　酒　大さじ2
　砂糖　大さじ3
・みりん　大さじ2

作り方
1　牛肉は一口大に切る。じゃがいもは皮をむいて半分に切り、それぞれ3等分に、玉ねぎは皮をむいて2〜3mm厚さの薄切り、にんじんは小さめの乱切りにする。しらたきは5cm長さに切る。
2　鍋に1とAをすべて入れる（**a**）。
3　キッチンペーパーで落としぶたをし、さらに鍋のふたをして**強火**で加熱し（**b**）、しっかりと沸騰したら**中火**にし、**3分間沸騰を継続**させる。
4　火を消してそのまま30分おいて、**余熱で煮る**（**c**）。

＊**キッチンペーパーの落としぶたの作り方**
キッチンペーパーを四つ折りにし、さらに対角線で半分に折って三角形にし、鍋の半径に合わせてまわりをはさみで切って円形にする。中央にはさみで切り込みを入れ、穴をあける。

ポイント
牛肉も野菜も調味料もすべて最初から一緒に入れて加熱する簡単レシピ。玉ねぎは火が通りにくいので薄切りに。余熱を利用するので、肉がかたくなりすぎません。

スープの材料は一度炒めて、コクをプラス。
余熱で簡単にゆで卵が作れます。

ミネストローネ
＋エッグサラダマフィン

ミネストローネ

材料　2人分

玉ねぎ　大1/3個	ベーコン(薄切り)　2枚
にんじん　1/4本	にんにく　1かけ
じゃがいも　1個	固形スープの素　2個
セロリ　1/3本	水　カップ2
キャベツ　1～2枚	オリーブオイル　大さじ1
トマト　1個	塩、こしょう　各適量

作り方

1. 玉ねぎ、にんじん、じゃがいもは皮をむいて1cm角に切る。セロリは筋を取って1cm角に切る。キャベツは1cmよりやや大きめの四角に切る。トマトはざく切りにする。ベーコンは1cm角に切る。にんにくは包丁の腹でつぶす。
2. 鍋ににんにくとオリーブオイルを入れて**中火**にかけ、焦がさないようにゆっくり炒めて香りを出す(**a**)。

3. 香りが立ってきたらベーコンを入れ、ベーコンから脂が出てカリッとしたら玉ねぎ、にんじん、セロリを入れて**中強火**でよく炒める(**b**)。
4. 玉ねぎが透き通ってきたらじゃがいも、キャベツの順に入れ、油がまわる程度に炒めたら、トマトを加えてさっと炒める(**c**)。

5. 4の鍋に水と固形スープの素を入れ、ふたをして**強火**で煮る(**d**)。しっかりと沸騰したら中火にし、**3分間沸騰を継続させ**て火を消し、そのまま約20分おいて**余熱で煮る**。
6. 野菜がやわらかくなったら、塩、こしょうで味をととのえる。

エッグサラダマフィン

材料　2人分

イングリッシュマフィン　2個	A ┌ マヨネーズ　大さじ2
バター　適量	├ 砂糖　ひとつまみ
卵　2個	└ 塩　ひとつまみ
	サラダ菜　4枚

作り方

1. 鍋に卵と卵が浸るくらいの水を入れて**強火**にかけ、菜箸で卵を転がしながらゆでる(**e**)。しっかりと沸騰したら火を消し、ふたをしてそのまま約12分おいて**余熱でゆでる**(**f**)。

2. 卵を取り出して水につけ、冷めたら殻をむき、1cm角に切ってAであえる。
3. マフィンはふたつに割り、割った面にバターを塗る。
4. あらかじめ3分ほど温めたグリルに入れて焼く(**両面焼きグリルで1分弱**)。
5. 4の1枚にサラダ菜を2枚敷いて、2の半量をのせてもう1枚ではさむ。もうひとつも同様に作る。

> **ポイント**
> ミネストローネの材料は1cm角に切り、火が通りやすくします。材料を入れたらふたをして強火で加熱し、3分間沸騰を継続させたら火を止め、余熱を利用。ふたをするタイミングも重要です。

19

下ゆでは余熱におまかせ！野菜がおいしいサブおかず

ほうれんそうの海苔あえ

材料　2人分
ゆでたほうれんそう　半量
焼き海苔　1枚
めんつゆ（3倍濃縮）　大さじ2

作り方
焼き海苔は手で細かくちぎってゆでたほうれんそうと合わせ、めんつゆであえる。

余熱を利用したゆで方
ほうれんそう　1束（200g）

1. ほうれんそうは根を切り落として5cm長さに切る。
2. 鍋に湯を沸かして1を入れ、ふたをして火を消す。そのまま**約1分おいて余熱でゆでて**冷水にとり、水けを絞る。

簡単ミックスナムル

材料　2人分
ゆでた野菜　全量
ごま油　小さじ2
塩　小さじ¼

作り方
ゆでた野菜はほぐし、ごま油と塩をふってあえる。

余熱を利用したゆで方
ほうれんそう　½束
にんじん　¼本
もやし　½袋（100g）

1. ほうれんそうは根を切り落として5cm長さに切り、にんじんは5cm長さのせん切りにする。もやしは洗って水けをきる。
2. 鍋に湯を沸かして1の野菜を入れ、ふたをして火を消す。そのまま**約1分おいて余熱でゆでて**ざるにあげ、粗熱がとれたら水けを絞る。

もやしの中華サラダ

材料　2人分
ゆでたもやし　半量
きゅうり　½本
ロースハム　3枚
A｜しょうゆ　大さじ1
　｜酢　大さじ1
　｜砂糖　大さじ⅔
　｜ごま油　小さじ1
いり白ごま（好みで）　適量

作り方
1. きゅうりは2〜3mm幅、ハムは5mm幅のせん切りにし、ゆでたもやしと合わせる。
2. 混ぜ合わせたAで1をあえ、好みでいりごまをかける。

余熱を利用したゆで方
もやし　1袋（200g）

鍋に湯を沸かしてもやしを入れてふたをし、再沸騰したら火を消す。そのまま**約2分おいて余熱でゆでて**ざるにあげる。

このコーナーでは、余熱を利用した野菜のゆで方と
ゆで野菜で作る副菜をご紹介します。余熱調理では、野菜の切り方も重要です。
また、鍋は直径の大きい浅型の鍋よりも直径の小さい深型の鍋のほうがおすすめです。

ゆでる際の水の量は、かぼちゃ、大根、里芋では材料の重さの2倍量、いんげんでは4倍量、
それ以外の野菜では6倍量を目安にしてください。余熱利用時間は目安です。

キャベツとツナのマスタードサラダ

材料 2人分
ゆでたキャベツ 半量
ツナフレーク(オイルづけ缶づめ) 1缶(70g)
粒マスタード 大さじ1
しょうゆ 小さじ½

作り方
1 ゆでたキャベツの葉は、1.5cm幅のざく切りにする。
2 ボウルに1とツナフレークを油ごと入れ、粒マスタードとしょうゆを加えてあえる。

余熱を利用したゆで方
キャベツ 3～4枚

1 キャベツの葉は1枚を半分に切り、葉の中央の太い芯は薄切りにする。
2 鍋に湯を沸かしてキャベツを入れ、ふたをして火を消す。そのまま**約5分おいて余熱でゆでて**ざるにあげる。

にんじんとキャベツのごまあえ

材料 2人分
ゆでたにんじん ⅓量
ゆでたキャベツ* 半量
＊分量とゆで方は、キャベツとツナのマスタードサラダ参照。
A ┌ 砂糖 大さじ1
　 │ めんつゆ(3倍濃縮) 大さじ1
　 │ ねり白ごま 小さじ2
　 └ すり白ごま 大さじ1

作り方
ゆでたキャベツはせん切りにしてゆでたにんじんと合わせ、混ぜ合わせたAであえる。

余熱を利用したゆで方
にんじん 1本

1 にんじんはせん切りにする。
2 鍋に湯を沸かして1を入れ、ふたをして火を消す。そのまま**約3分おいて余熱でゆでて**ざるにあげる。

ブロッコリーの明太マヨネーズ

材料 2人分
ゆでたブロッコリー 半量
辛子明太子 ¼腹(20g)
マヨネーズ 大さじ2

作り方
明太子とマヨネーズを合わせて、ゆでたブロッコリーをあえる。

余熱を利用したゆで方
ブロッコリー 1株

1 ブロッコリーは小房に分ける。
2 鍋に湯を沸かして1を入れ、ふたをして火を消す。そのまま**約5分おいて余熱でゆでて**ざるにあげる。

かぼちゃサラダの ピーナツ風味

材料　2人分
ゆでたかぼちゃ　150g
マヨネーズ　大さじ1
ピーナツバター　大さじ1
砂糖（好みで）　適量

作り方
ボウルにゆでたかぼちゃを入れてつぶし、マヨネーズとピーナツバター、好みで砂糖を加えて混ぜ合わせる。

余熱を利用したゆで方
かぼちゃ　550g

1　かぼちゃは2～3cm角に切る。
2　1と水を鍋に入れてふたをして火にかけ、**沸騰したら約3分間沸騰を継続させて火を消す。そのまま約10分おいて余熱でゆでて取り出す。**

大根ステーキ

材料　2人分
ゆでた大根　6枚
サラダ油　大さじ½
A｜しょうゆ　大さじ1
　｜みりん　大さじ1
一味唐辛子(好みで)　適量

作り方
フライパンにサラダ油を温め、ゆでた大根を入れて両面に焼き色をつけ、Aを加えてからめる。好みで一味唐辛子をふる。

余熱を利用したゆで方
大根　500g

1　大根は1cm厚さの輪切りにする。
2　1と水を鍋に入れてふたをして火にかけ、**沸騰したら約3分間沸騰を継続させて火を消す。そのまま約20分おいて余熱でゆでて取り出す。**

きのこの おろしあえ

材料　2人分
ゆでたきのこ　全量
大根おろし(水けをきる)　100g
生食用ちくわ(5mm厚さの輪切り)　2本
ポン酢　大さじ3

作り方
ゆでたきのこ、ちくわ、大根おろしを合わせ、ポン酢であえる。

余熱を利用したゆで方
えのき茸　1袋(100g)
しめじ　1パック(100g)

1　えのき茸としめじは石づきを切り取ってほぐす。
2　鍋に湯を沸かして1を入れ、ふたをして火を消す。そのまま**約3分おいて余熱でゆでてざるにあげる。**

下ゆでは 余熱 におまかせ！　野菜がおいしいサブおかず

いんげんの
カレーマヨあえ

材料　2人分
ゆでたいんげん　半量
A ┌ カレー粉　小さじ½
　└ マヨネーズ　大さじ1

作り方
ゆでたいんげんは3〜4等分に切り、混ぜ合わせたAであえる。

余熱を利用したゆで方
いんげん　20本

鍋に湯を沸かしていんげんを入れてふたをし、再沸騰したら火を消す。そのまま**約7分おいて余熱でゆでて**ざるにあげる。

里芋の
チーズ焼き

材料　2人分
ゆでた里芋　¼量
塩、こしょう　各少々
オリーブオイル　小さじ2
ピザ用チーズ
　（あればシュレッドタイプ）　適量

作り方
ゆでた里芋に塩、こしょう、オリーブオイルをまぶし、直火対応の耐熱容器に入れてチーズをかけ、グリルで焼く（**両面焼きグリルで3〜4分**）。

余熱を利用したゆで方
里芋　8個

1　里芋は皮をむいて1cm厚さの輪切りにする。
2　鍋に1と水を入れて火にかけ、**沸騰したら約3分間沸騰を継続させて火を消す。そのまま約30分おいて余熱でゆでて**取り出す。

里芋の
甘辛たれ

材料　2人分
ゆでた里芋　⅓量
A ┌ しょうゆ　大さじ1½
　├ 砂糖　大さじ1½
　└ みりん　大さじ1½

作り方
フライパンにAを入れて煮詰め、ゆでた里芋を加えてからめる。

余熱を利用したゆで方
里芋　8個

1　里芋は皮をむいて縦4等分のくし形に切る。
2　鍋に1と水を入れて火にかけ、**沸騰したら約3分間沸騰を継続させて火を消す。そのまま約30分おいて余熱でゆでて**取り出す。

ピリ辛ごまだれ

おろしポン酢

韓国風ひき肉だれ

エスニックにらだれ

ふるふる湯豆腐とたれ4種

余熱ならちょうどよい食べごろ温度に。
変わりだれで、おいしさ4通り。

ふるふる湯豆腐

材料 2人分
絹ごし豆腐　2丁
昆布　1〜2枚(約3cm×5cm角)
水　1.5ℓ

作り方
1　土鍋に水と昆布を入れて**強火**にかけ、しっかり沸騰させる(a)。
2　火を消して、6等分に切った豆腐を入れる(b)。昆布は入れたままでよい。
3　ふたをして約5分おき、**余熱**で**温める**(c、d)。

＊豆腐1丁の場合は、小さめの土鍋に1ℓのお湯を沸騰させ、豆腐を入れて同じく5分おく。

たれ4種

＊韓国風ひき肉だれ
材料　作りやすい分量
豚ひき肉　50g
ねぎのみじん切り　大さじ1
しょうがのみじん切り　大さじ1
酒　小さじ1
コチュジャン　小さじ2
作り方
フライパンに豚ひき肉、ねぎ、しょうが、酒を入れて**中火**にかけ、箸でほぐすようにしながら炒め、肉がぱらぱらになったらコチュジャンを加えて混ぜ合わせる。

＊エスニックにらだれ
材料　作りやすい分量
にらのみじん切り　大さじ2
ねぎのみじん切り　小さじ4
ナンプラー　大さじ1
レモン汁　小さじ2
作り方
すべての材料を混ぜ合わせる。

＊ピリ辛ごまだれ
材料　作りやすい分量
練り白ごま　大さじ1
めんつゆ（3倍濃縮を1：1に薄めたもの）　大さじ2
豆板醤（トウバンジャン）　小さじ¼
作り方
練り白ごまにめんつゆを少しずつ加えながら混ぜ合わせ、豆板醤を加える。

＊おろしポン酢
材料　作りやすい分量
大根おろし　大さじ2
ポン酢　大さじ4
作り方
大根おろしとポン酢を混ぜ合わせる。

> **ポイント**
> 火にかけるのは、土鍋のお湯を沸かす間だけです。豆腐を入れてからはぐらぐらと沸騰させないので、煮くずれせず、すも入らない、美しい湯豆腐に仕上がります。

なめらか土鍋プリン

蒸し方が独特なので、レシピ通りに。
だれにでも極上プリンができる魔法の方法。

材料　作りやすい分量　カップ6～7個分
牛乳　350ml
卵　2個
砂糖　60g
バニラエッセンス　少々
黒みつ　適量

ポイント
余熱で蒸すので、難しい火力調節も不要です。火を消す前に、きっちり沸騰させるのが大切。プリンカップはアルミ製ではなく陶器かガラス製のものを。

作り方
1 鍋に牛乳を入れて**中火**にかけ、沸騰したら火を消す。
2 ボウルに卵と砂糖を入れ、泡立て器でよく混ぜる。
3 1を2に少しずつ加えて溶きのばし、裏ごししてバニラエッセンスを加える。
4 3をカップに流し入れ、表面の泡をスプーンなどで取り除き下記の方法で蒸す。食べるときに黒みつをかける。

蒸し方
1 アルミホイルでプリンカップにふたをする(**a**)。
2 土鍋の底にタオルを1枚敷いて万能落としぶたをのせ(**b**)、プリンカップを並べる。
3 カップの約1/3の高さまで熱湯を注ぎ(**c**)、土鍋の**ふたをしないで強火で約5分間加熱し再沸騰させる**。
4 その後**火を消して土鍋のふたをし**、そのまま約25分おいて**余熱で蒸す**(**d**)。

a

b

c

d

Part2
グリルで
メインとサブを
同時調理

肉や魚を焼きながら、同時に野菜のおかずもできて調理時間も短縮。
高温短時間で加熱するグリルなら、野菜の栄養も風味もキープ。
メインとサブがほぼ同時にでき上がるので、熱々を食べられるのも魅力です。

グリルで焼いた鶏肉は
皮はパリパリ、中はジューシー。
人気のバーニャカウダも
グリルなら手間いらず。

グリルチキン＋グリル野菜のバーニャカウダ

グリルチキン

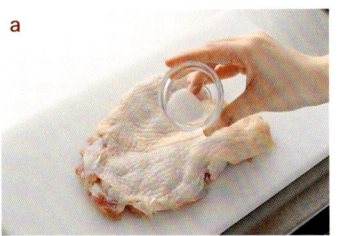

材料 2人分
鶏もも肉　1枚(約300g)
塩　適量
こしょう　少々
クレソンなど(あれば)　適量

作り方
1 鶏肉は室温にもどし、包丁で切り込みを入れて厚みを均一にし、塩、こしょうをする(a)。
2 グリルの網に皮を上にして並べて焼く**(両面焼きグリルで約9分)**(d)。
3 焼き上がったら食べやすい大きさに切って皿に盛りつけ、あればクレソンなどを飾る。

グリル野菜のバーニャカウダ

材料 2人分
赤パプリカ　1/4個	**バーニャカウダソース**
れんこん　60g	アンチョビ　10g
かぶ　小2個	生クリーム　50g
オリーブオイル　小さじ1/2	おろしにんにく　少々

作り方
1 パプリカは一口大の細切り、れんこんは皮つきのまま1cm厚さの半月切り、かぶも皮つきのままくし形に切ってオリーブオイルをからめる(b)。
2 バーニャカウダソースの材料をアルミホイルで作ったケースに入れる(c)。
3 グリルの網に鶏肉と一緒に1と2を並べて焼く**(両面焼きグリルで約7分)**(d)。
4 焼き上がったら皿に野菜を盛りつけソースを添える。

グリルの網の奥に鶏肉を、手前に野菜とソースを並べて焼く。途中で野菜とソースを取り出す。ソースのアルミホイルの容器は熱くなっているのでご注意を。

> **ポイント**
> バーニャカウダソースは、材料をアルミホイルのケースに入れてグリルで焼くだけ。別に鍋を用意する手間もエネルギーも要りません。かぶとれんこんは、皮つきのまま使います。

鶏もも肉の照り焼き＆野菜の串焼き風
＋キャベツの塩昆布あえ

鶏肉に塗った甘辛のたれが香ばしい。
グリルで蒸し焼きにしたキャベツは色鮮やか。

鶏もも肉の照り焼き＆野菜の串焼き風

材料　2人分
鶏もも肉　1枚（約300g）　　長ねぎ　½本
塩、こしょう　各少々　　　　しいたけ　4枚
A・砂糖　大さじ1　　　　　　厚揚げ　½枚
　・しょうゆ　大さじ2　　　　すだち（あれば）　適量
　・酒　小さじ1
　・みりん　小さじ1

作り方
1. 鶏肉は室温にもどし、身と皮の両面に包丁で切り込みを入れ（a、b）、塩、こしょうをふり下味をつける。
2. しいたけは石づきを切り取り、厚揚げは8等分に切る。
3. グリルの網の上に1と2、長ねぎを並べて焼く**（両面焼きグリルで約10分）**（d）。
4. Aのたれを混ぜ合わせて鶏肉に塗り、さらに**2分ほど焼く**。
5. 鶏肉と長ねぎは食べやすい大きさに切って串に刺す。しいたけと厚揚げも串に刺す。皿に盛りつけ、すだちをくし形に切って添える。

キャベツの塩昆布あえ

材料　2人分
キャベツ　3枚
水　大さじ1
塩昆布　大さじ1

作り方
1. キャベツは食べやすい大きさのざく切りにする。
2. アルミホイルに1と水を入れる（c）。
3. グリルの網の上にメインの材料と一緒にのせて蒸し焼きにする**（両面焼きグリルで約5分）**（d）。
4. 3を塩昆布であえる。

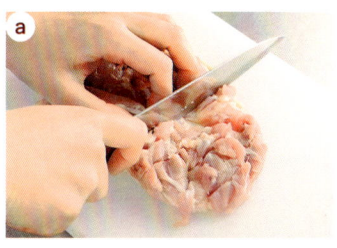

鶏もも肉は皮を上にしてグリルの網の奥に並べる。長ねぎは小さく切ると網の間から落ちてしまうのでそのまま焼く。**キャベツのアルミホイルの口は閉じる**。途中でキャベツを取り出す。

> **ポイント**
> キャベツの下ごしらえは、水少々とともにアルミホイルで包んでグリルで蒸し焼きに。別に下ゆでする必要がありません。グリルで焼いたねぎは、こんがりと焼き色がつき甘味が増します。

トマトとオリーブオイルの
シンプルなソースが
豚肉のうまみを引き立てます。
きのこは焼いてうまみを凝縮。

豚肉のグリル＋焼ききのこのマリネ

レシピ／大野治美

豚肉のグリル

材料　2人分
豚ロース肉　2枚（1枚約110g）　　プチトマト　2個
A ┬ 塩　適量　　　　　　　　　　オリーブオイル　大さじ1
　├ 黒こしょう　少々　　　　　　塩　少々
　└ オリーブオイル　大さじ1　　ベビーリーフ（あれば）　適量
さつまいも　80g
れんこん　80g

作り方
1. 豚肉は室温にもどし、脂身と赤身の境に包丁を入れて筋切りをし、Aを両面にすり込む（a、b）。
2. さつまいもとれんこんは皮つきのまま5mm厚さの輪切りにする。さつまいもはアルミホイルで包む。
3. グリルの網の上に1と2を並べて焼く**（両面焼きグリルで豚肉は約12分、さつまいもとれんこんは約10分）**（c）。
4. プチトマトはくし形に切って、オリーブオイル、塩と合わせてソースにする。
5. 皿に3を盛りつけ、肉に4をかける。あればベビーリーフを添える。

焼ききのこのマリネ

材料　2人分
きのこ類（まいたけ、しめじ、しいたけなど）　200g
レモン汁　適量
塩　少々
パセリのみじん切り（あれば）　適量

作り方
1. きのこ類は石づきを切り取って食べやすい大きさに切り、アルミホイルで包む。
2. グリルの網の上に1を並べ、メインと一緒に焼く**（両面焼きグリルで約7分）**。
3. 焼き上がったらアルミホイルに残った蒸し汁ごとボウルにうつし（d）、レモン汁と塩で味をととのえる。器に盛りつけ、あればパセリを散らす。

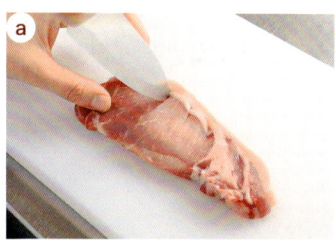

火の通りにくい豚肉はグリルの網の奥に並べる。**さつまいもときのこのアルミホイルは口を閉じる**。れんこんは網の上に直に置く。加熱時間の短いものから取り出す。

> **ポイント**
> 豚肉は室温にもどし、筋切りをすると肉が縮まずきれいに焼けます。さつまいもはアルミホイルで包み、焦げつくのを防ぎましょう。焼ききのこは蒸し汁ごとマリネ液に加えましょう。

濃厚な味わいのメインには、
ハーブの香り豊かな
焼き野菜のサブおかずを。
ワインに合わせたいメニューです。

グリルポークのハニーマスタードソース
＋じゃがいもとズッキーニのバジル風味

レシピ／中西敬貴

グリルポークのハニーマスタードソース

材料 2人分
豚ロース肉 2枚 (1枚約110g)
グリーンアスパラガス 4本
塩、黒こしょう 各少々
スライスチーズ (あればチェダーチーズ) 2枚
A┬ はちみつ 20g
 └ マスタード 20g

作り方
1 豚肉は室温にもどし、脂身と赤身の境に包丁を入れて筋切りをし、両面に軽く塩、黒こしょうをふる(**a**)。
2 グリルの網の上に1の豚肉とアスパラをのせて焼き(**両面焼きグリルで約6分**)、アスパラは取り出す(**c**)。
3 Aを混ぜ合わせて2の肉の上にのせ、さらに**約1分焼く**(**d**)。
4 焼き上がったら火を止めてスライスチーズをのせ、チーズがとろけるまで**約3分余熱で温める**(**e**)。

豚肉はグリルの網の奥に並べ、野菜は手前に並べる。すべて網の上に直に置く。野菜類を取り出してから、豚肉にたれを塗ってチーズをのせ、余熱で温める。

じゃがいもとズッキーニのバジル風味

材料 2人分
じゃがいも ½個
ズッキーニ 約3cm
にんじん 約3cm
バジル 適量
オリーブオイル 大さじ1
塩、こしょう 各少々

作り方
1 じゃがいもとにんじん、ズッキーニは皮つきのまま5mm厚さの輪切りにする。
2 1とちぎったバジルをボウルに入れて塩、こしょう、オリーブオイルをまぶす(**b**)。
3 グリルの網の上に2を並べ、豚肉やアスパラと一緒に焼く(**両面焼きグリルで6〜8分**)(**c**)。
4 皿に3を並べて塩をふり、バジルを飾る。

> **ポイント**
> 豚肉にのせたチーズは、火を消しても高温をキープするグリルの余熱を利用して温めます。サブおかずの野菜は、ほかにパプリカ、れんこん、さつまいもなど旬の野菜を。

鮭の包みを開けると磯の香りが広がります。
白あえの野菜はサラダ油を加えて蒸し焼きに。

鮭の包み蒸し＋白あえ風サラダ

レシピ／松林厚子

鮭の包み蒸し

材料　2人分

生鮭(切り身)　2切れ
乾燥わかめ(水でもどす)　7g
レモンの薄切り　2枚
しょうがのせん切り　少々
塩、こしょう　各少々

作り方

1. 鮭は塩をふり、5～10分したらキッチンペーパーで水けを拭き取り、塩、こしょうをする(a、b)。
2. アルミホイルを広げて水けをきったわかめ、しょうが、鮭、レモンの順にのせて包む(c)。
3. グリルの網の奥に並べて焼く**(両面焼きグリルで約10分)**(f)。

白あえ風サラダ

材料　2人分

にんじん　½本
小松菜　2株
しめじ　½パック(50g)
木綿豆腐　¼丁
サラダ油　小さじ2

A ・砂糖　大さじ1
　 塩　小さじ¼
　 しょうゆ　小さじ1
　・すりごま　大さじ2

作り方

1. にんじんは3cmの拍子木切りに、小松菜は3cm長さに切り、しめじは石づきを切り取って小房に分ける。すべてをアルミホイルにのせ、サラダ油をかけて包む(d)。
2. 豆腐はちぎってアルミホイルにのせる(e)。
3. グリルの網の手前に野菜と豆腐を並べ、鮭と一緒に焼く**(両面焼きグリルで約6分)**(f)。
4. ボウルにAを入れて混ぜ合わせ、3の野菜と軽く水けをきった木綿豆腐を加えてあえる。

> **ポイント**
> 白あえの豆腐の下ごしらえもグリルで同時に完結。鍋で下ゆでするかわりに、豆腐を適当な大きさにくずしてアルミホイルにのせ、鮭や野菜と一緒にグリルで焼きます。

鮭と野菜のアルミホイルの口は閉じる。
木綿豆腐はそのままでよい。グリルの網の奥に鮭、手前に野菜と豆腐を並べて焼く。途中で野菜と豆腐を取り出す。

レシピ／堀 祐子

さばの焼きびたし
＋きのことれんこんのしょうがホットサラダ

魚がメインの和風献立を、グリルで同時調理。
ホットサラダは、たれごと加熱しましょう。

さばの焼きびたし

材料　2人分

さば(切り身)　2切れ
塩　小さじ½
A ┌ おろししょうが　20g
　├ だし汁　大さじ2
　├ しょうゆ　大さじ1
　└ みりん　小さじ2
しょうがのせん切り　適量

作り方

1. さばに塩をふり、約5分おく(a)。
2. さばの水けをキッチンペーパーなどで拭き取る。
3. グリルの網の上にさばを並べて焼く**(両面焼きグリルで約5〜7分)**(c)。
4. 焼き上がったら、混ぜ合わせたAにつける。
5. 皿にたれごと盛りつけ、しょうがをのせる。

きのことれんこんのしょうがホットサラダ

材料　2人分

きのこ類(しめじ、しいたけ、まいたけなど)　80g
れんこん　小½節
ピーマン　1個

A ┌ しょうゆ　小さじ2
　├ 砂糖　小さじ1
　├ 酢　大さじ1
　└ すり白ごま　小さじ1
しょうがのせん切り　10g

作り方

1. きのこ類は石づきを切り取り、手で食べやすい大きさにさく。れんこんは皮をむいて5mm厚さのいちょう切りか半月切りにする。ピーマンはへたと種を取って細く切る。
2. アルミホイルで器を作り、1を入れてしょうがを散らし、混ぜ合わせたAをかける(b)。
3. グリルの網の上にさばと一緒にのせて焼く**(両面焼きグリルで約5分)**。

さばは皮を上にしてグリルの網に並べる。ホットサラダの材料は、**アルミホイルの口を閉じないでそのまま焼く**。さばの切り身の大きさによって焼き時間は調節する。焼き時間が5分より長くなる場合は、先にホットサラダの材料を取り出す。

> **ポイント**
> さばは切り身の厚みや大きさによって焼き時間を調節してください。さんまなど、季節によって魚を変えてみても。しょうがをメインとサブおかずに使い、むだになるのを防ぎます。

難しいローストビーフも
グリルなら失敗知らず。
野菜は焼くときに
油をまぶすのがコツ。

レシピ／宮本久美子

簡単ローストビーフ
＋焼き野菜の
エスニックサラダ

簡単ローストビーフ

材料　2人分
牛もも肉（ステーキ用・塊）　200g
にんにくの薄切り　適量
塩、こしょう　各少々
レタス、プチトマトなど（あれば）　適量

作り方
1. 牛肉は、にんにく、塩、こしょうを全体にまぶしてラップで包み、冷蔵庫で1時間以上おく。焼く前に室温にもどす(a)。
2. 1のラップを取り、グリルの網の上にのせて焼く**(両面焼きグリルで約9分)**(c)。
3. 焼き上がったらアルミホイルで包んで休ませる(d)。
4. 約5mm厚さに切って皿に並べ、あればレタスやトマトなどを添える。

焼き野菜のエスニックサラダ

材料　2人分
かぼちゃ（くし形切り）　2cm(30g)
赤パプリカ　½個
かぶ　1個
れんこん　½節
エリンギ　1本
オリーブオイル　大さじ1

A ┌ レモン汁　大さじ1
　├ 砂糖　小さじ1
　└ ナンプラー　小さじ1

作り方
1. かぼちゃは種とわたを取り5mm厚さに切る。パプリカは縦半分に切ってへたと種を取り2cm幅に切る。かぶは皮つきのまま4等分のくし形に、れんこんも皮つきのまま1cm厚さに切る。エリンギは縦¼〜½に切る。
2. 1をアルミホイルに並べてグリルの網の上にのせ、オリーブオイルを全体にかける(b)。
3. グリルで牛肉と一緒に2を焼く**(両面焼きグリルで約9分)**(c)。
4. 焼き上がったら、温かいうちに混ぜ合わせておいたAであえる。

牛肉はグリルの網の奥に、野菜は手前に置く。牛肉の大きさによって加熱時間を調節する。牛肉にうっすら焦げ色がつけばOK。

ポイント
ローストビーフはグリルで焼いたあと、アルミホイルで包んで休ませるとしっとり落ち着きます。少なくとも焼き時間と同じくらい休ませてください。れんこんやかぶは皮つきのままで。

たれは少しつけたまま焼くと、中がジューシーに。
野菜は油をまぶして蒸し焼きにすれば、炒め物風に。

レシピ／橋本加名子

タンドリーチキン
＋炒めない野菜のナンプラー炒め

タンドリーチキン

材料 2人分
鶏もも肉 1枚(約300g)
A ・カレー粉 小さじ2
　・ヨーグルト 150g
　・おろしにんにく 小さじ½
しめじ ½パック(50g)
プチトマト 6個
オリーブオイル 適量
塩 適量

作り方
1. 鶏肉は室温にもどし、厚みのある部分に切り込みを入れて両面に塩少々をふる。
2. ボウルにAを入れて混ぜ、1をつける(つけ込み時間は10〜30分)(a)。
3. しめじは石づきを切り取り、ばらばらにほぐす。プチトマトはへたを取る。
4. 1は皮を上にしてグリルの網の上にのせ、トマトとしめじはアルミホイルの上に並べ、塩少々とオリーブオイル少量をふって焼く**(両面焼きグリルで鶏肉は12〜13分、トマトとしめじは約7分)**(d)。
5. 焼き上がったら鶏肉は食べやすい大きさに切って皿に盛り、トマトとしめじを添える。

炒めない野菜のナンプラー炒め

材料 2人分
小松菜 3株
もやし ⅓袋
A ・ナンプラー 大さじ1
　・ごま油 小さじ1
　・黒こしょう 少々

作り方
1. 小松菜は4cm長さに切り、もやしとともにボウルに入れてAであえる(b)。
2. 1の水けを軽くきってからアルミホイルで包む(c)。
3. グリルの網の上に鶏肉などと一緒に並べて焼く**(両面焼きグリルで約7分)**(d)。

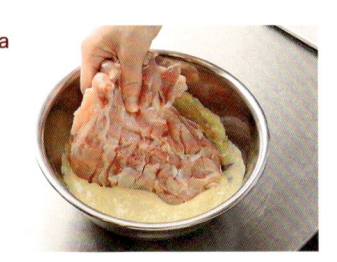

鶏肉は、たれがついたままグリルの網の奥に並べる。**小松菜ともやしのアルミホイルは口を閉じる**。トマトとしめじは口を閉じなくてよい。途中でトマトとしめじ、小松菜ともやしを取り出す。

ポイント
鶏肉は室温にもどし、包丁で厚みを均一にすることで焼きむらを防止。全体に均一に火が入るので加熱時間の短縮にもなります。ヨーグルトの効果で、鶏肉がしっとりやわらかに。

レシピ／上田靖子（豚ばら肉と野菜のゆずこしょう丼）

豚ばら肉と野菜の
ゆずこしょう丼
＋きゅうりのナムル

こんがり焼けた豚ばら肉が食欲をそそる。
グリルで焼いたきゅうりのナムルは新食感！

豚ばら肉と野菜のゆずこしょう丼

材料 2人分

豚ばら肉（焼き肉用）　250g
しめじ　½パック（50g）
プチトマト　4個
グリーンアスパラガス　2本
A ┌ めんつゆ（3倍濃縮）　大さじ2
　├ 水　60mℓ
　└ ゆずこしょう　小さじ¾
オリーブオイル　適量
ご飯　適量

作り方

1. Aの調味料を合わせる。
2. ポリ袋に豚肉と1の⅔量を入れてよくもみ込み、約10分おく（a）。
3. しめじは石づきを切り取って小房に分け、アスパラは斜め薄切りにする。プチトマトはへたを取る。
4. アルミホイルに3を入れてオリーブオイルをまぶし、1の残りをかける。
5. グリルの網の上に2と4を並べて焼く**（両面焼きグリルで豚肉は約10分、野菜は約6分）**（b）。
6. 皿にご飯を盛って豚肉を上に並べ、しめじ、トマトとアスパラを添え、アルミホイルに残った汁をかける。

豚肉は1枚ずつグリルの網の上に並べる。
きゅうりはアルミホイルで包んで焼く。
しめじとアスパラ、トマトのアルミホイルは口を閉じなくてもよい。

きゅうりのナムル

材料 2人分

きゅうり　1本
A ┌ ごま油　小さじ2
　├ すりごま　小さじ1
　└ 塩　少々

作り方

1. きゅうりはアルミホイルで包んで、メインの豚肉や野菜と一緒にグリルで焼く**（両面焼きグリルで約10分）**（b）。
2. 焼き上がったら、乱切りにしてAであえる（c）。

> **ポイント**
> たれにつけた肉と野菜などを同時に焼くとき、活躍するのがアルミホイル。アルミホイルを利用すれば、味が混ざり合うこともなく、野菜料理の種類を手軽に増やせます。

ご飯と具を混ぜて
炒めずにグリルで焼いた
正真正銘の焼き飯。
卵はお好みのかたさに。

ナシゴレン風焼き飯
＋グリルウインナのサラダ

ナシゴレン風焼き飯

材料 1人分
ご飯　茶碗1½杯分
刻みねぎ　10g
卵　1個
ツナ（オイルづけ缶づめ）　20g
A ┌ しょうゆ　大さじ½
　├ ナンプラー　小さじ2
　└ 豆板醤　小さじ½

作り方
1　ツナとAの調味料を混ぜ合わせてご飯に入れ、刻みねぎを加えて混ぜ合わせる（a）。
2　アルミホイルで皿形の器を作って1を入れ（b）、中央を少しくぼませて卵を割り入れる（c）。
3　グリルの網の上に2をのせて焼く**（両面焼きグリルで約6分）**（e）。

グリルウインナのサラダ

材料 1人分
ウインナソーセージ　2本
ブロッコリー　3房
プチトマト　2個
水　大さじ1

作り方
1　ブロッコリーはアルミホイルに並べて水を加える（d）。
2　グリルの網の上に1と切り込みを入れたウインナとプチトマトを並べ、ご飯と一緒に焼く**（両面焼きグリルで約6分）**（e）。

ご飯はグリルの網の奥に、ウインナと野菜は手前に並べる。**ブロッコリーのアルミホイルの口は閉じる**。卵は好みの焼き加減になるよう、加熱時間を調節する。

ポイント
レシピの加熱時間（6分）では半生の目玉焼きに。レシピの時間になったら様子を見て、好みの焼き加減になるよう時間を調節しましょう。アルミホイルの器は、まわりに高さをつけて。

サンドイッチ用食パンを
つなぎ合わせて
1枚の生地にするので手軽です。
下焼きしてカリッと仕上げます。

レシピ／山田美紀子（えびとしらすのパンピザ）

えびとしらすのパンピザ＋クイックピクルス

えびとしらすのパンピザ

材料　1〜2人分

サンドイッチ用食パン　4枚　　ボイルむきえび　40g
A ┌ マヨネーズ　大さじ2　　　しらす(釜揚げ)　30g
　├ みりん　小さじ1　　　　　プチトマト　4個
　├ みそ　小さじ1　　　　　　ピザ用チーズ　50g
　└ 塩、こしょう　各少々　　　万能ねぎ(小口切り)　2本

作り方

1. 食パンは2枚ずつ端が少し重なるように並べてめん棒などでのし(重なる部分は強くのす)、次にそれらを同じようにつなぎ合わせて1枚の薄いピザ生地にする(a)。
2. プチトマトは横3等分にスライスする。Aは混ぜ合わせる。
3. アルミホイルにオリーブオイル(分量外)を薄く塗って1をのせ、グリルで下焼きする**(両面焼きグリルで約2分)**。
4. 3のパンの下側の面を上にして混ぜ合わせたAを塗り、ボイルむきえび、しらす、プチトマト、ピザ用チーズの順にのせる(b)。
5. 3で使ったアルミホイルの上に4をのせ、チーズがとろけるまでグリルで焼く**(両面焼きグリルで約2〜3分)**(d)。
6. 焼き上がったら取り出し、万能ねぎを散らす。

クイックピクルス

材料　作りやすい分量

きゅうり　1本　　　　　A ┌ 酢　大さじ2
にんじん　1/3本　　　　　├ 塩　小さじ1/4
セロリ　1/2本　　　　　　├ 砂糖　大さじ1
塩　小さじ1/3　　　　　　├ 赤唐辛子　1本
　　　　　　　　　　　　└ ローリエ　1/2枚

作り方

1. きゅうり、にんじん、セロリは5cm長さの棒状に切り、塩をふってアルミホイルで包む(c)。
2. 1をパンピザと一緒にグリルで焼く**(両面焼きグリルで約5分)**(d)。
3. 焼き上がったら、混ぜ合わせておいたAにつける。

パンピザはグリルの網の奥に、ピクルスの野菜は手前に置く。**野菜のアルミホイルは口を閉じる。**ピザは様子を見ながら焼き時間を調節する。先にパンピザを取り出す。

ポイント
グリルで焼いたプチトマトは、ひと味違うおいしさです。ピクルスを作るとき、ふつうはピクルス液を温めますが、野菜を温めるこの方法なら、鍋も使わずグリルで一度にできます。

グリルでおつまみ5点セット

ゆで卵がグリルでできる裏技をご紹介！
グリルで作るおつまみで、おうち居酒屋を。

❶アスパラと厚揚げの肉巻き

材料 2人分
豚ばら肉(薄切り)　4枚
厚揚げ　½枚
グリーンアスパラガス　2本
塩、こしょう　各適量

作り方
1　厚揚げは半分に切る。アスパラは下のかたい部分を切り落とす。
2　アスパラと厚揚げに豚肉を巻いて(❶-a)、塩、こしょうをふり、グリルで焼く **(両面焼きグリルで約8分)**(b)。

❷枝豆

材料 2人分
枝豆　100g
水　少々
塩　少々

作り方
1　枝豆はさやつきのままアルミホイルにのせ、水をふりかけて(❷-a)、グリルで焼く **(両面焼きグリルで約8分)**(b)。
2　1を皿に盛り、塩をふる。

❸じゃがいものチーズ焼き

材料 2人分
じゃがいも　⅓個
A ┌ バター　10g
　└ 粉チーズ　10g

作り方
1　じゃがいもは皮をむいてせん切りにし、アルミホイルの器に入れてAをのせ(❸-a)、グリルで焼く **(両面焼きグリルで約8分)**(b)。

④ゆで卵の カナッペ

材料 2人分
卵 1個
ボイルえび 2尾
塩 少々

作り方
1 卵は室温にもどし、ティッシュペーパーで包んで水でぬらし、さらにアルミホイルで包み(④-a)、グリルで焼く**(両面焼きグリルで約10分)**(b)。
2 焼き上がったら殻をむき、半分に切ってえびをのせる。皿に盛り、塩を添える。

⑤ミニ 焼きおにぎり

材料 2人分
ご飯 茶碗2杯分
しょうゆ 適量

作り方
1 おにぎりを作ってグリルで焼き**(両面焼きグリルで5分)**(b)、しょうゆを塗ってさらに**2〜3分焼く**(⑤-a)。

枝豆のアルミホイルは口を閉じる。じゃがいもは口を閉じなくてよい。途中でしょうゆを塗るおにぎりは手前に置く。加熱時間の短いものから取り出す。

ポイント
5品作っても使用鍋はゼロ、トータルの加熱時間はわずか10分です。途中でしょうゆを塗るおにぎりは、手前に置いておくと、グリルを開けたときに熱が逃げるのを抑えることができます。

ラスク＋フルーツチーズディップ

フルーツは焼いてやわらかく濃厚に。
グリルなら一度にさまざまなフレーバーが楽しめます。

＊ラスク
材料　10枚分
バゲット（約5mm厚さ）　10枚
バター　10g
グラニュー糖　10g

＊バナナディップ
材料　作りやすい分量
バナナ　小1本
グラニュー糖　小さじ1
クリームチーズ　50g

＊キウイディップ
材料　作りやすい分量
キウイフルーツ
　（5mm厚さのいちょう切り）　1個
グラニュー糖　大さじ1
クリームチーズ　50g

＊ブルーベリーディップ
材料　作りやすい分量
ブルーベリー（生）　100g
グラニュー糖　小さじ1
クリームチーズ　50g

作り方

1. バゲットにバターを薄く塗りグラニュー糖をふる。
2. キウイとブルーベリーはアルミホイルにのせてグラニュー糖をふり、皮つきのバナナと一緒にグリルで焼く**（両面焼きグリルでキウイは約4分、ブルーベリーは7～8分、バナナは約10分）**（a）。
3. グリルが温かいうちに1のバゲットを並べ入れ、**余熱で3分以上温めて**カリッとさせる（b）。
4. 2の粗熱がとれたらクリームチーズと混ぜ合わせる。バナナは皮をむいて中身をスプーンで取り出し、グラニュー糖とクリームチーズと混ぜ合わせる（c）。
5. バゲットを取り出し、冷めたらディップとともに皿に盛りつける。

ポイント
フルーツを取り出してバゲットを並べる間に、グリルの温度が下がらないように手早く行うのが、ラスクをカリッとさせるコツ。

Part3
フライパンひとつで段取り調理

フライパンを温めるエネルギーと、洗う手間が節約できる段取り調理。
ひとつのフライパンを上手に使いまわして、
バランスのとれたワンボウル、ワンプレートごはんを。

石焼き風ビビンバ

人気メニューのビビンバが
フライパンひとつで作れます。
野菜を蒸し煮にしたらひき肉を炒め、
焼きつけたご飯にのせて完成！

材料 26cmフライパン1台分（約4人分）
牛ひき肉　200g
にら　1束
赤パプリカ　1個
もやし　1袋(200g)
水　小さじ2
ご飯　茶碗4杯分
A・酒　大さじ1
　　砂糖　大さじ1
　　しょうゆ　大さじ1
　　ごま油　小さじ1
　　コチュジャン　小さじ1
　・おろしにんにく　少々
B・ごま油　大さじ1
　　すり白ごま　大さじ1
　・塩　適量
韓国のり　適量
＊好みでコチュジャンを添える。

作り方

1　ひき肉はAをもみ込む。にらは4〜5cm長さに、パプリカは4〜5cm長さのせん切りにする。

2　フライパンにごま油小さじ1（分量外）を入れて熱し、パプリカ、もやし、にらを混ざらないように並べ水を全体にふり入れ（a）、ふたをして**強めの中火**で約2分蒸し煮にする（b）。

3　火を止めてBを2の全体にふりかけ、それぞれ混ぜて取り出す（c、d）。

4　3のフライパンに1のひき肉を入れ、菜箸3〜4本でほぐしたら**強火**で炒めて取り出す（e、f）。

5　4のフライパンにご飯を広げて**中火**にかけ、少し焼き色がついたら火を止める（g）。

6　ご飯の上に3、4と韓国のりを彩りよく盛りつける（h）。

ポイント
ナムルの野菜のように、少量の水を加えてふたをして加熱する「蒸し煮」は、水を沸かすためのエネルギーも不要。省エネな調理法の一つです。ほかの野菜でもお試しください。

ドライカレーの目玉焼きのせ

野菜類と肉のうま味がギュッと詰まったドライカレー。
ルウを加えたら、炒めて香りを引き出しましょう。

ドライカレーの目玉焼きのせ

材料　2人分
合いびき肉　120g
玉ねぎ　½個
プチトマト　8個
にんじん　⅕本
しめじ　¼パック(25g)
ピーマン　1個
卵　2個
固形カレールウ(細かく刻む)　20g
水　大さじ1
サラダ油　大さじ1
ご飯　適量

ポイント
カレーのなかでも、コトコト煮込まないドライカレーは、短時間でできるエコ・メニューのひとつです。目玉焼きも同じフライパンで作って、豪華にボリュームアップ！

作り方
1. 玉ねぎはみじん切り、プチトマトはへたを取って2等分または4等分に切る。
2. にんじんはみじん切り、しめじは石づきを切り取ってみじん切り、ピーマンはへたと種を取ってみじん切りにする。
3. フライパンにサラダ油を熱し、**1**を**強火**で炒める(**a**)。
4. 玉ねぎがしんなりしたら、**2**と合いびき肉を加えてさらに炒める(**b**、**c**)。
5. 肉の色が変わったらカレールウと水を加えてさらに炒め、取り出す(**d**、**e**)。
6. フライパンを拭いて、目玉焼きを作る(**f**)。
7. 皿にご飯を盛って**5**をかけ、**6**の目玉焼きをのせる。

[アレンジ] パット・ガパオ

材料　2人分
豚ひき肉200g　赤パプリカ½個　にんにく(みじん切り)1かけ　赤唐辛子(小口切り／好みで)小さじ1　サラダ油小さじ1　A[ナンプラー大さじ1　砂糖小さじ2]　バジル適量　卵2個　ご飯適量

作り方
1. パプリカは2〜3mm幅の細切りに、バジルは葉と茎に分け、茎は刻む。
2. フライパンにサラダ油、赤唐辛子、にんにくを入れて**弱火**にかけ、香りが立つまで焦げないように炒める。
3. ひき肉を**2**に加え、**中火〜強火**にしてほぐしながら炒め、**1**のパプリカを加えてさっと炒める。
4. いったん火を止めてAを加え、汁けがなくなるまで炒め、バジルを最後に加えて合わせ、取り出す。バジルの葉は1〜2枚残しておき、最後に飾ってもよい。
5. **4**のフライパンを拭いて目玉焼きを作る。
6. 皿にご飯を盛って**4**をかけ、**5**の目玉焼きをのせる。

レシピ／大川真澄

ふっくらハンバーグの3色野菜添え

「蒸し焼き」にすることで、ふっくらジューシーに。
つけ合わせの野菜も一緒に蒸し焼きにします。

材料　2人分
合いびき肉　200g
玉ねぎ(みじん切り)　50g
A ┬ パン粉　カップ½
　├ 牛乳　大さじ2
　├ 卵　½個
　└ 塩　小さじ½
サラダ油　大さじ1
じゃがいも　2個
にんじん　½本
ブロッコリー　4房
B ┬ トマトケチャップ　大さじ3
　└ ウスターソース　大さじ2

作り方

1　じゃがいも、にんじんは皮つきのまま約1cm厚さの輪切りにする。
2　ボウルにひき肉を入れてよくこね、玉ねぎとAを加えてさらによくこねる(a)。
3　2を2等分にし、手にサラダ油(分量外)をつけて、楕円形に丸める(b)。
4　フライパンにサラダ油を熱し、3を入れて**強火**で両面を色よく焼いて取り出す(ここでは完全に火が通っていなくてもよい)(c、d)。
5　フライパンの油を拭き取り、1のじゃがいもとにんじんを平らに並べ、その上に4のハンバーグをのせる。水(分量外)を加えて(野菜の高さの半分がひたる程度)ふたをし、**中強火**にかける(e、f)。
6　沸騰したら**弱火**にして約5分蒸し焼きにし、ブロッコリーを加えて再びふたをし、さらに5分蒸し焼きにする(g)。
7　ハンバーグと野菜を取り出し(h)、Bを入れてとろみがつくまで混ぜながら加熱しソースを作る(i)。
8　皿にハンバーグと野菜を盛りつけ、ハンバーグにソースをかける。

ポイント
フライパンでできる同時調理のひとつです。ハンバーグと一緒につけ合わせの野菜も仕上げてしまいましょう。加熱しすぎると色が悪くなるブロッコリーは、あとから加えて。

ごまみそシューマイ
＋たっぷり蒸し野菜

ごまをたっぷり入れて香ばしく、ヘルシーに。
一緒に蒸した野菜は肉汁がしみ込んでおいしい。

レシピ／福留奈美

材料 2人分（16個分）

豚ひき肉　140g
A ┌ みそ　小さじ1
　├ しょうゆ　小さじ½
　├ ごま油　小さじ1
　└ すりごま　大さじ1
長ねぎ　1本
キャベツ　2～3枚
にんじん　⅕本
シューマイの皮　16枚
塩　小さじ½
水　カップ½
ポン酢(好みで)　適量

作り方

1　長ねぎの緑の部分(約30g)は、みじん切りにする。
2　ひき肉と1とAをよく混ぜ合わせる(a、b)。
3　2を16等分してシューマイの皮で包む(c)。
4　長ねぎの残りは斜め切りに、キャベツの葉の中央の太い芯は薄く切り、葉の部分は大きめのざく切りにする。にんじんは薄い輪切りにする。
5　フライパンにキャベツの芯と葉のかたい部分を広げるように入れ、にんじんとねぎをのせて塩をふる(d)。その上にキャベツの葉のやわらかい部分を敷きつめ3のシューマイを並べる(e)。
6　鍋肌から水を注ぎ(f)、ふたをして**強火**にかける。沸騰したら**中弱火**にして約10分蒸す(g)。
7　シューマイと蒸し野菜を皿に盛りつけ、好みでポン酢を添える。

> **ポイント**
> 野菜の上にシューマイを並べて蒸すので、蒸し器がなくてもできるうえに、野菜料理も同時にできて一石二鳥。長ねぎの緑の部分はみじん切りにし、シューマイに入れて使い切りましょう。

とろとろに仕上げるコツは、溶き卵を入れるとき中心に多めに入れ、ふたをして煮ること。

豚肉の卵とじ丼
＋えのき茸と三つ葉のスープ

レシピ／大矢るり子（豚肉の卵とじ丼）

豚肉の卵とじ丼

材料　2人分
豚もも肉　120g
ご飯　茶碗約4杯分
玉ねぎ　½個
卵　4個
三つ葉　適量
酒　大さじ2
A ┌ しょうゆ　大さじ1½
　├ みりん　大さじ1
　├ 砂糖　大さじ1
　└ 水　カップ½

> **ポイント**
> 卵とじを作ってフライパンが温かいうちにスープを作ります。卵とじの豚肉は、広げて入れて加熱時間の短縮を。卵とじの飾りに使った三つ葉の残りの茎は、スープに使いましょう。

作り方
1. 豚肉は一口大に切ってバットなどに広げ、酒大さじ1をふりかけてほぐす（a）。
2. 玉ねぎは、1〜2mm幅の薄切りにする。
3. フライパンにAと残りの酒と豚肉を広げるようにして入れ、**中火**にかけて1〜2分煮る（b）。
4. 豚肉の色が変わったら、**2**を入れて1〜2分煮る（c）。
5. 卵を軽く割りほぐし、フライパンのまわりから円を描くように入れ（中心は多めに）（d）、ふたをして煮る（e）。
6. 卵の中心が半熟状態になったら火を止める。
7. 丼にご飯を平らによそい、上から**6**を煮汁ごとかけ三つ葉を飾る。

えのき茸と三つ葉のスープ

材料　2人分
えのき茸（2〜3cm長さに切る）　½袋（50g）
三つ葉（2〜3cm長さに切る）　適量
だし汁　300ml
塩　少々

作り方
1. 卵とじを取り出したフライパンにだし汁を入れて**中火**にかける。
2. 沸騰したらえのき茸を入れ（f）、えのき茸に火が通ったら塩で味をととのえる。
3. 仕上げに三つ葉を加えて火を止める。

豚肉のしょうが焼き丼のエリンギソテー添え

定番おかずを丼にして目先を変えました。
エリンギのソテーやレタスも入って食感も楽しい。

材料　2人分
豚ロース肉（しょうが焼き用）　6枚
A ┌ しょうが（すりおろす）　1かけ
　├ しょうゆ　大さじ2
　├ 酒　大さじ2
　└ みりん　大さじ2
エリンギ　大1本
サラダ油　適量
レタスのせん切り　適量
塩、こしょう　各少々
ご飯　適量

作り方
1　豚肉はAに約10分つける（a）。
2　エリンギは石づきを切り取って、縦4等分に切る。
3　フライパンにサラダ油を熱し、**中火**でエリンギを焼いて塩、こしょうで調味し、取り出す（b、c）。
4　フライパンが温かいうちに1の豚肉を広げるようにして入れ、**中火**で両面を焼いて取り出す（d、e）。
5　豚肉のつけだれの残りをフライパンに入れて煮詰める（f）。
6　器にご飯を盛ってレタスを広げ、その上に4をのせて5をかけ、3を添える。

> **ポイント**
> 塩、こしょうだけで調味するエリンギソテーを先に炒め、そのあとたれをからめる豚肉のしょうが焼きを作ります。肉のつけだれは、フライパンで煮詰めてソースにします。

肉野菜炒め＋卵スープ

キャベツは最後に加えてシャキシャキに。
野菜と肉のうまみを利用した卵スープを添えて。

肉野菜炒め

材料　2人分
豚ばら肉　100g
玉ねぎ　½個
キャベツ　2枚
ピーマン　1個
にんじん　½本
もやし　1袋(200g)
サラダ油　大さじ½
塩、こしょう　各適量

> **ポイント**
> 肉野菜炒めを作ったあと、フライパンが温かいうちに、残った汁ごと利用して卵スープを作ります。豚肉と玉ねぎは広げるようにして炒め、全体に焼き色をつけると、香ばしく仕上がります。

作り方
1　豚肉は4〜5cm幅に切る。
2　玉ねぎは1〜2cm幅のくし形に切り、キャベツは食べやすい大きさのざく切りにする。
3　ピーマンはへたと種を取って細切りに、にんじんは皮つきのまま短冊切りにする。
4　フライパンにサラダ油を熱し、**1**と**2**を入れて**強火**で炒める(**a**、**b**)。
5　肉の色が変わり玉ねぎがしんなりしてきたら、にんじん、ピーマンを加えて炒める(**c**)。
6　キャベツともやしを**5**に加えてさらに炒め(**d**)、塩、こしょうで調味し、取り出す(**e**)。

卵スープ

材料　2人分
卵　1個
水　300ml
鶏がらスープの素　適量＊
＊水300mlに対する表記通りの分量。

作り方
1　野菜炒めを作ったフライパンに、水とスープの素を入れて**中火**で加熱する(**f**)。
2　煮立ったら卵を溶いて流し入れ、火を止める(**g**)。

白菜と豚肉の重ね蒸し＋もやしのみそスープ

豚肉と一体となった白菜が、やわらかくておいしい。
蒸し煮に使った汁で、スープをもう一品。

レシピ／鹿間文子

白菜と豚肉の重ね蒸し

材料 2人分
白菜　¼個*
＊⅛個2つでもよい。
豚ばら肉(薄切り)　250g
水　120mℓ
酒　50mℓ
鶏がらスープの素　小さじ2

ソース3種
ポン酢
A ┬ マヨネーズ　大さじ1
　└ ゆずこしょう　少々
B ┬ おろしにんにく　少々
　└ トマトケチャップ　大さじ1

もやしのみそスープ

材料 2人分
玉ねぎ(薄切り)　¼個
もやし　40g
にんじん(せん切り)　30g
万能ねぎ　適量
みそ　大さじ1

作り方

1. 白菜は根元をつけたまま縦半分に切って⅛にし、白菜の葉の間に豚肉を1枚ずつはさむ(**a**)。
2. フライパンに1を並べ入れ、空いたところに玉ねぎともやし、にんじんを入れる(**b**)。
3. 2に水、酒、鶏がらスープの素を加えてふたをし**中火**で煮る(**c**、**d**)。沸騰したら**弱火**にして約20〜30分煮る。
4. 3の白菜と豚肉の重ね蒸しを取り出して(**e**)、食べやすい大きさに切って皿に盛りつける。ポン酢とAとBをそれぞれ混ぜ合わせて添える。
5. フライパンに残った煮汁を沸騰させ、火を止めてからみそを入れて溶き(**f**)スープを作る。器に注いで小口切りにした万能ねぎを散らす。

> **ポイント**
> メインの白菜と豚肉を蒸し煮にするときに、空いているスペースにスープの材料を入れ、同時に煮ます。重ね蒸しを取り出したら、すぐに調味し、どちらも熱々をいただきましょう。

具だくさんのごちそうめんの献立。
先に大根の甘酢漬けを作りましょう。
焼きそばを作っている間に、
大根に味がしみて食べごろに

シーフードときのこのあんかけ焼きそば
＋大根の甘酢漬け

大根の甘酢漬け

材料　2人分
大根　100g
赤唐辛子(小口切り／あれば)　適量
A ┌ 酢　大さじ1
　├ 砂糖　大さじ2
　└ 塩　ひとつまみ

作り方
1　大根は3〜4mm厚さのいちょう切りにする。
2　1をフライパンで軽くゆでてざるにあげ(a、b)、赤唐辛子とともに混ぜ合わせたAにつける。

シーフードときのこのあんかけ焼きそば

材料　2人分
中華蒸しめん　2玉
シーフードミックス　120g
A ┌ 酒　小さじ½
　└ 塩　少々
きのこ類(しめじなど)　100g
チンゲンサイ　1株
長ねぎ　¼本
しょうが、にんにく
　(みじん切り)　各½かけ
サラダ油　大さじ2

B ┌ 水　カップ1
　├ 鶏がらスープの素　小さじ½
　├ オイスターソース　小さじ1
　├ しょうゆ　小さじ1
　├ 塩　小さじ¼
　├ こしょう　少々
　└ 砂糖　ひとつまみ
水溶き片栗粉　大さじ1
　(片栗粉を同量の水で溶いたもの)
うずらの卵(水煮)　2個

作り方
1　きのこは石づきを切り取り、食べやすい大きさに切る。チンゲンサイは葉の部分は3〜4cm長さに、根元は縦4〜6等分に切る。長ねぎは斜め切りにする。
2　シーフードミックスはAで下味をつける。
3　大根を下ゆでしたフライパンにサラダ油大さじ1を入れて熱し、ほぐした中華蒸しめんの両面を**中強火**で色よく焼いて取り出す(c、d)。
4　フライパンにサラダ油大さじ1としょうが、にんにく、長ねぎを入れて**中火**で炒め、香りが立ってきたらきのこ類を加えてさらに炒める(e、f)。
5　きのこがしんなりしたら、チンゲンサイと、混ぜ合わせたBを加え、ふたをして煮る(g、h)。
6　チンゲンサイがしんなりしたら、シーフードミックスを加えて煮る(i)。シーフードに火が通って色が変わったら、うずらの卵を加え、水溶き片栗粉でとろみをつける(j)。
7　3のめんを皿に盛りつけ6をかける。

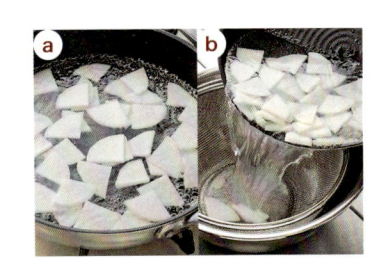

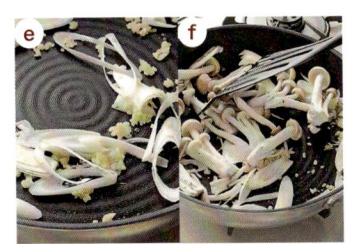

ポイント
①大根の甘酢漬けの下ゆで、②中華めんの焼きつけ、③あんの順番に作ります。材料も調味料もすべて調理台に用意し、手際よく短時間に、フライパンが温かいうちに使いまわしましょう。

えびと卵のチリソース丼のチンゲンサイ添え

えびチリに卵が入ってまろやかな味わい。
彩りも美しく、食欲がそそられます。

レシピ／満留邦子

材料 2人分

- むきえび　150g
- 片栗粉、酒　各小さじ1
- トマト　大½個
- チンゲンサイ　1株
- 卵　1個
- 塩、こしょう　各少々
- ねぎ(みじん切り)　¼本
- しょうが(みじん切り)　½かけ
- にんにく(みじん切り)　½かけ
- サラダ油　小さじ3

- A ・トマトケチャップ　大さじ1½
  - 砂糖　小さじ2
  - 鶏がらスープの素　小さじ1
  - 水　カップ½
  - 片栗粉　小さじ1
  - 酒　大さじ½
  - 酢　小さじ½
  - 豆板醤(好みで加減する)　小さじ⅓～½
  - 塩　少々
- ご飯　茶碗2杯分

作り方

1. えびは背わたを楊枝などで取って片栗粉と酒をまぶしてもみ、洗って水けを拭く(a)。
2. トマトは2㎝角に切る。チンゲンサイは3㎝長さに切って葉と軸に分ける。
3. 卵は溶きほぐして塩、こしょうをする。
4. フライパンにカップ1の水(分量外)を沸かし、塩少々(分量外)とサラダ油小さじ1を加えて、2のチンゲンサイを軸、葉の順に入れて**強火**でゆで、しんなりしたらざるにあげる(b、c)。
5. フライパンが温かいうちに水けを拭いてサラダ油小さじ1を入れて**強火**で熱し、3の溶き卵を流し入れ、大きく混ぜて半熟状のところで取り出す(d、e)。
6. フライパンに残りのサラダ油と1のえびとねぎ、しょうが、にんにくを入れて**中火**にし、香りが立ちえびの色が変わってきたら、混ぜ合わせておいたAを加える(f)。
7. とろみがついたら2のトマトと6の卵を加え、ひと煮立ちしたら火を止める(g)。
8. 皿にご飯を盛り、7をかけ4のチンゲンサイを添える。

ポイント

レシピの順番通りに作れば、途中でフライパンを洗う必要がありません。チンゲンサイをゆでるとき、火が通りにくい軸を先に入れましょう。少量の油を加えることで色鮮やかに。

大胆に切った厚揚げからうまみがじゅわ〜〜〜。　レシピ／結城奈佳（厚揚げとうずらの卵のコチュジャン煮）
煮汁をかけながら、煮るのがコツ。

厚揚げとうずらの卵のコチュジャン煮
＋キャベツとしめじのナムル

キャベツとしめじのナムル

材料 2人分
キャベツ　2枚
しめじ　1/2パック(50g)
水　大さじ1
ごま油　適量
塩　適量
すり白ごま　適量

作り方
1. キャベツの葉は太めのせん切りに、葉の中央の太い芯は薄切りにする。しめじは石づきを切り取り小房に分ける。
2. フライパンに1を入れて水をふりかけ、**ふたをして中火で蒸し煮にする**(a、b)。
3. 野菜がしんなりしてきたら取り出す(c)。ごま油と塩であえ、すりごまをふる。

厚揚げとうずらの卵のコチュジャン煮

材料 2人分
厚揚げ　2枚(300g)
うずらの卵(水煮)　6個
刻みねぎ　適量

合わせ調味料
　いりこだし*　カップ1/2
　コチュジャン　大さじ1
　しょうゆ　大さじ1
　砂糖　大さじ1
　ごま油　大さじ1/2
　すりごま　大さじ1/2
　にんにくのみじん切り　小さじ1
　こしょう　少々

＊いりこだしは煮干しだしのこと。

作り方
1. 厚揚げは熱湯をかけて油抜きをし、縦4等分に切る。うずらの卵は洗う。
2. フライパンに合わせ調味料を入れて煮立たせ、1の厚揚げとうずらの卵を入れる。途中で煮汁をかけながら**中火**で7～8分煮る(d)。
3. 皿に盛りつけて上から刻みねぎをちらし、キャベツとしめじのナムルを添える。

ポイント
ナムルのキャベツとしめじは、ゆでずに蒸し煮にします。キャベツは芯の部分も薄切りにして使いましょう。刻みねぎは、まとめて刻んで冷凍しておくと重宝します。

フライパン de 炊き込みご飯＋アスパラのマリネ

大きな鶏もも肉がたっぷり入った炊き込みご飯は、
これだけで大満足の一品。
鶏肉は焼き目をつけて香ばしく！

レシピ／小柳津大介（フライパン de 炊き込みご飯）

アスパラのマリネ

材料　2人分

グリーンアスパラガス　6〜8本
玉ねぎ　1/4個

A ┬ 酢　大さじ1 1/2
　├ サラダ油　大さじ1 1/2
　├ 塩　小さじ1/3
　└ こしょう　少々

作り方

1. アスパラは根元のかたい部分を切り落とし、4cm長さに切る。
2. 玉ねぎは薄切りにして水にさらし、キッチンペーパーに取り水けを絞る。
3. フライパンに湯を沸かしてアスパラを入れ(a)、2〜3分ゆでてざるにあげ(b)、熱いうちに2とともにAであえる。

フライパンde炊き込みご飯

材料　26cmのフライパン1台分（約4人分）

米　2合(300g)
水　350ml
しめじ　150g
鶏もも肉　1枚(250g)
塩　小さじ1弱
しょうがの薄切り　1〜2枚
固形スープの素　1個

作り方

1. 米は洗って30分〜1時間浸水させ、ざるにあげて水けをきる。
2. しめじは石づきを切り取って小房に分ける。鶏肉は8等分に切り、塩小さじ1/3で下味をつける。
3. フライパンで鶏肉を**中強火**で焼き、両面に焼き色がついたら取り出す(c、d)。
4. 3のフライパンに1を入れ、その上にしめじ、3の順にのせ、しょうが、砕いたスープの素、残りの塩、分量の水を入れる(e、f)。
5. フライパンにふたをして**中弱火**で10分かけて沸騰させ、その後**弱火**にして20分加熱し火を止める。そのまま10分蒸らす(g、h)。
6. 蒸らし終わったらほぐして皿に盛り、アスパラのマリネを添える。

> **ポイント**
> 肉や魚介類がたっぷり入った炊き込みご飯は、一品でも大満足。ご飯を炊くときは、適切な火力と加熱時間で。ご飯が炊けていくときの香りや音の変化にも注意しましょう。

鶏肉入り卵ご飯の中華おやき＋
貝割れ菜と豆腐のスープ

鶏肉と同じくらい野菜もたっぷり入って栄養満点。
レタスで包むと、いくつでも食べられそう。

レシピ／りんくんぴ（鶏肉入り卵ご飯の中華おやき）

鶏肉入り卵ご飯の中華おやき

材料 作りやすい分量（約2〜3人分）

鶏ひき肉　180g
にんじん　40g
大根　40g
赤ピーマン　½個
かぼちゃ　50g
きのこ類(しめじ、しいたけなど)　90g
万能ねぎ　30g
卵　3個
温かいご飯　茶碗2杯分
サラダ油　大さじ3
しょうがのみじん切り　10g
A ・塩　少々
　　酒　大さじ1
　　オイスターソース
　・　大さじ2
コチュジャン(好みで)　適量
レタス(好みで)　適量

作り方

1 にんじんと大根、赤ピーマン、かぼちゃ、きのこ類は5mm角に切る。万能ねぎは約2mm長さに切る。鶏肉には塩少々(分量外)をふる。

2 フライパンにサラダ油大さじ1としょうがを入れて**中火**にかけて炒め、香りが出たら1の鶏肉を加えて**強火**で炒め、肉の表面が白くなったら1の万能ねぎ以外の野菜を加えてさらに炒める（**a**）。

3 野菜に火が通ったら、Aを加えて汁けがなくなるまで煮詰めるように炒めて取り出す（**b、c**）。

4 大きめのボウルにご飯を用意し、3と溶きほぐした卵を入れてよく混ぜ、1の万能ねぎを加えてさらに軽く混ぜる（**d**）。

5 フライパンを軽く拭いてサラダ油大さじ1を入れて**中火**にかけ、4の半量を入れて全面に広げ、ふたをして両面を焼く（**e、f**）。同様に残りも焼く。

6 食べやすい大きさに切って皿に盛りつけ、好みでコチュジャンやレタスを添える。

貝割れ菜と豆腐のスープ

材料 2人分

木綿豆腐　¼丁
貝割れ菜　½パック
水　カップ2
鶏がらスープの素　小さじ1½
塩、こしょう　各少々

作り方

1 おやきを作ったフライパンに、水とスープの素を入れて**中火**にかける。沸騰したら1cm角に切った豆腐を加えて塩、こしょうで味をととのえ（**g**）、2等分に切った貝割れ菜を入れてひと煮立ちさせる。

ポイント
野菜は、れんこんやさつまいもなどでもおいしくできます。少しずつ野菜が残ってしまったときに大助かりのメニュー。おやきを焼くときは、ふたをするとふっくら焼き上がります。

鶏手羽と根菜のみそ煮込み丼
＋ほうれんそうのおかかあえ

煮込むことで鶏手羽からうまみがしみ出します。
濃厚な煮汁がしみたご飯は、たまらないおいしさ。　レシピ／高田史子（鶏手羽と根菜のみそ煮込み丼）

ほうれんそうのおかかあえ

材料　2人分
ほうれんそう　½束
しょうゆ　適量
削り節　適量

作り方
1　フライパンに水を入れて**強火**にかけ、沸騰したらほうれんそうを根元から入れる（**a**）。
2　再沸騰したら火を止め、冷水にとる（**b**）。
3　ほうれんそうの水けを絞って4cm長さに切り、しょうゆであえ削り節を上からかける。

鶏手羽と根菜のみそ煮込み丼

材料　2人分
鶏手羽　4本　　　水　300ml
ごぼう　5cm　　　A┬みそ、酒、砂糖、しょうゆ
にんじん　3cm　　 └　各大さじ1
大根　5cm　　　　サラダ油　小さじ2
長ねぎ　½本　　　ご飯　茶碗適量
しいたけ　2枚　　七味唐辛子（好みで）　適量

作り方
1　ごぼう、にんじん、大根は皮つきのまま乱切り、長ねぎは斜め切りにする。しいたけは一口大に切る。
2　ほうれんそうをゆでたフライパンの水けを拭く。サラダ油を入れて**強火**にかけて熱し、鶏手羽を入れて焼き色をつける（**c**）。
3　2のフライパンに①の野菜と水を入れてふたをし、**強火**にかける（**d、e**）。沸騰したら**中火**にして煮る。
4　野菜がやわらかくなったらAの調味料を入れ（**f**）、汁けがなくなるまで**中火**で煮込む（**g**）。
5　皿にご飯を盛り、**4**をかけてほうれんそうのおかかあえを添える。好みで七味唐辛子をふる。

ポイント
鶏手羽は油で炒めて焼き色をつけると、香ばしさとコクがアップします。ごぼうは皮つきのまま使うことで風味豊かに仕上がります。ほかに、里芋やこんにゃくを加えても。

魚介のトマト煮＋きのこソテーのサラダ

魚介のうまみたっぷりのスープが絶品。
フライパンひとつで作ったとは思えない豪華な献立。

レシピ／大高智子

きのこソテーのサラダ

材料　2人分

サニーレタス　2枚	オリーブオイル　大さじ1
水菜　1/5束	にんにく(薄切り)　1かけ
玉ねぎ　1/8個	塩　小さじ3/4
きのこ類(しめじ、まいたけ、しいたけなど)　180g	こしょう　少々
	酢　大さじ1弱
ベーコン(薄切り)　2枚	

作り方

1. レタスは一口大にちぎり、水菜は3cm長さに切り、玉ねぎは薄切りにしてボウルに入れ、まとめて水洗いし、水けをきって皿に盛る。
2. きのこ類は石づきを切り取って、食べやすい大きさに切る。ベーコンは1cm幅に切る。
3. フライパンにオリーブオイルとにんにくを入れて**中火**にかけ（**a**）、香りが立ってきたら**2**を加え、塩、こしょうをして焦げつかないように炒める（**b**）。
4. 水分がなくなったら火を止め、酢をまわし入れて**1**の野菜にかける（**c**、**d**）。

魚介のトマト煮

材料　2人分

白身魚(たらなどの切り身)　2切れ	白ワイン　カップ1/2
あさり(殻つき)　100g	トマトの水煮缶　1/2缶
えび(無頭、殻つき)　4尾	オリーブオイル　大さじ1
にんにく(みじん切り)　1かけ	水　カップ1/4
玉ねぎ(みじん切り)　1/2個	仕上げ用オリーブオイル　大さじ1/2
	ガーリックトースト(あれば)　適量

作り方

1. 白身魚は一口大に切る。あさりは砂抜きをしておく。えびは背わたがあれば取る。
2. きのこのソテーを作ったフライパンに、オリーブオイルとにんにくと玉ねぎを入れて**中火**にかけ、焦げつかないように炒める。香りが立ってきたら、白ワインとトマトの水煮を缶汁ごと加えて煮る（**e**）。
3. 沸騰したら**1**の魚介類と水を入れてふたをし、15〜20分煮込む（**f**、**g**）。
4. 器に盛り、仕上げ用のオリーブオイルをかける。サラダを盛りつけた皿の空いているところに器をのせ、あればガーリックトーストを添える。

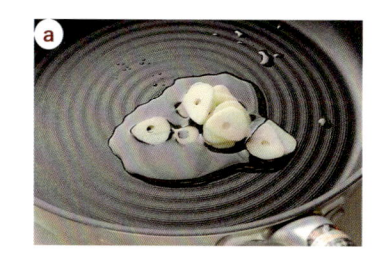

ポイント

きのことベーコンを炒めたら、フライパンに酢を加えて混ぜ合わせ、ドレッシングに。別にボウルを用意する必要がありません。きのこからしみ出たうまみも利用でき、おいしさ倍増。

レシピ／高橋善郎

ぶりの竜田焼き＋えのき茸の梅いり

ぶりをたれにつけ、片栗粉をまぶして焼くから"竜田焼き"。
レモンの香りで、さわやかに仕上がります。

えのき茸の梅いり

材料　2人分
えのき茸　1袋（約200g）
梅干し　2個
ごま油　大さじ2
しょうゆ　小さじ1
黒ごま　適量
大葉（あれば）　4枚

作り方
1. えのき茸は石づきを切り取り5cm長さに切ってほぐす。梅干しは種を取り除き、包丁でたたく。
2. フライパンにごま油を温めてえのき茸を入れ、ごま油をなじませながら**中火〜強火**で炒める。
3. 1の梅干しとしょうゆを2に加え（a）、えのき茸となじませながら水分が少なくなるまでいりつけて取り出し（b）、黒ごまをふる。皿に大葉を敷いて盛りつける。

ぶりの竜田焼き

材料　2人分
ぶり（切り身）　2切れ　　　三つ葉　適量
片栗粉　適量　　　　　　　トマト　適量
A｜しょうゆ　大さじ2　　　温かいご飯　茶碗2杯分
　｜みりん　大さじ2　　　＊あれば国産のものを。
　｜酒　大さじ2
　｜レモン＊の輪切り　3枚
サラダ油　大さじ2

作り方
1. ぶりは両面に塩（分量外）をふり、30分室温に置く。その後キッチンペーパーで水けをよく拭き取り、3〜4cmのそぎ切りにする。
2. ボウルにAを合わせて1のぶりを入れ、キッチンペーパーで落としぶたをし、さらにラップをかけて冷蔵庫で30分以上おく（c）。
3. 三つ葉は2cm長さに、トマトは1cmの角切りにする。
4. 2のつけ汁を捨て、キッチンペーパーでぶりの汁けを拭き取る（d）。片栗粉を全体にまぶし、余分な粉をしっかりとはたき落とす（e）。
5. フライパンにサラダ油を熱し、4のぶりを**中強火**で焼く。きれいな焼き目がついたら裏返し、**中火〜弱火**で裏面にも焼き目をつける（f）。
6. 皿に5と3、えのき茸の梅いりを盛りつけ、おにぎりを作って添える。

ポイント
えのき茸を炒める前に、ぶりはすべての下ごしらえをすませ、すぐに焼ける状態にしておきます。えのき茸をいりつけたら、続けてぶりを焼きましょう。段取り上手も省エネの第一歩です。

じゃがいもとナポリタンライスの重ね焼き

シンプルなケチャップライスがケーキに変身。
ピザ用チーズでじゃがいもとライスが一体に。

レシピ／川島 薫

材料 20cmのフライパン1台分（約2人分）

じゃがいも　小2個
温かいご飯　茶碗2杯分
ピーマン　1個
玉ねぎ　1/2個
ベーコン（薄切り）　2枚
トマトケチャップ　大さじ4
ピザ用チーズ　80g
卵　2個
オリーブオイル　大さじ1
プチトマト（あれば）　適量

> **ポイント**
> ご飯を温めるときや溶き卵を流し入れたあとは、ふたをして加熱しましょう。エネルギーのむだがないだけでなく、フライパン内に蒸気がこもり、ふっくら仕上がります。

作り方

1. じゃがいもは皮をむいて2～3mm厚さの薄切りにして水にさらす。
2. ピーマンはへたと種を取り1cm角に、玉ねぎは皮をむいて1cm角に、ベーコンも1cm角に切る。
3. フライパンにオリーブオイルを入れて**中火**で熱し、2のピーマンと玉ねぎを炒める。玉ねぎがしんなりしたらベーコンを加えて炒め、さらにトマトケチャップを加えてひと炒めする（**a**）。
4. 3にご飯を入れて混ぜ合わせ、取り出す（**b**、**c**）。
5. 4のフライパンを拭き、オーブンシートを直径約30cmの円形に切って敷き、1のじゃがいもの水けを拭いて底面と側面に並べる。敷き詰めたらピザ用チーズを散らす（**d**）。
6. 4を5に入れて木べらなどで平らにならし、ふたをして**中弱火**で約7分焼く（**e**、**f**）。
7. 溶き卵を6にまわしかけてふたをし（**g**、**h**）、**中火**にして1～2分焼いた後、火を止めて蒸らす。
8. フライパンの直径より少し大きめの皿をかぶせ、返して中身を取り出す（**i**）。オーブンシートを外し、あればプチトマトを飾る。

トマトとレタスの卵炒め
＋バタートーストとカリカリベーコン

フライパンで、なんとバタートーストもつくれます。
レタスは、生とはひと味違う風味と食感で新鮮。

レシピ／アツオワタナベ

バタートーストとカリカリベーコン

材料 2人分
食パン　2枚
バター　適量
ベーコン(薄切り)　2枚

作り方
1 パンは好みの大きさに切る。
2 フライパンにバターを入れて**中火**にかけ、バターが溶けてきたらフライパン全体に馴染ませてパンを入れ、両面をカリッと焼いて取り出す(a、b)。
3 パンを焼いたフライパンを拭き、ベーコンの両面を**中火～中弱火**でカリカリに焼いて取り出す(c、d)。

トマトとレタスの卵炒め

材料 2人分
卵　2個
トマト　小2個
レタス　1/4個
オリーブオイル　大さじ1

A ・しょうゆ　大さじ1/2
　・日本酒(あれば)　大さじ1/2
　・塩　ひとつまみ
　・こしょう(あれば)　少々

作り方
1 トマトはへたを取って一口大に切る。レタスは手でちぎる。
2 ベーコンを焼いたフライパンにオリーブオイルを入れ、トマトとAを加えて**中強火**でさっと炒める(e)。
3 トマトの皮がめくれ、水分が煮詰まってきたらレタスを入れ、ひと混ぜしてふたをし、蒸し煮にする(f、g)。
4 レタスがしんなりしてきたらふたを開けて水分を少し飛ばし、卵を軽く溶いてフライパンに入れ、箸で手早くかき混ぜてすぐに火を止める(h)。
5 皿に卵炒め、バタートースト、ベーコンを盛りつける。

ポイント
フライパンひとつで、朝食メニューが一気にできます。トマトを入れてある程度煮詰まって少し濃度が出たら、レタスを入れましょう。溶き卵は混ぜすぎず、火も入れすぎないのがコツです。

フレンチトーストを焼いたら、そのままソースも。
お店のメニューのようなおしゃれなデザートに。

フレンチトーストのオレンジホットソース

材料 2人分
バゲット（3cm厚さ）　4枚
卵　2個
牛乳　カップ2
砂糖　大さじ2
バニラエッセンス　少々
オレンジマーマレード　大さじ4
100%オレンジジュース　大さじ2
バター　適量

ポイント
とろけるようにふっくらと焼くには、ふたをするのがコツ。蒸気がこもって熱のまわりがよくなります。

作り方

1. ボウルに卵を割りほぐし、牛乳、砂糖、バニラエッセンスを加えて混ぜる。
2. バゲットを1の卵液につけて、しっかりしみ込ませる。
3. フライパンにバターを入れて中火にかけ、バターが溶けたら2のバゲットを入れてふたをして焼く（**a**、**b**）。
4. 焼き色がついたら裏返し、両面を色よく焼いて取り出す（**c**、**d**）。
5. フライパンにマーマレードとオレンジジュースを入れて中火にかけ、ひと煮立ちさせて火を止める（**e**）。
6. 皿に4を盛りつけ、5のソースをかける。

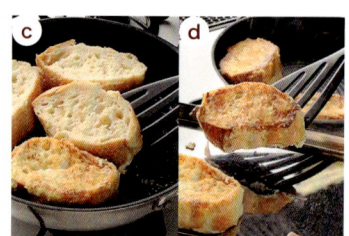

りんごをバターと砂糖で香ばしく焼き、
その上に生地を流し込みます。

アップルホットケーキ

材料 20cmのフライパン1台分（2人分）
ホットケーキミックス　150g
卵　1個
牛乳　カップ½
りんご　1個
バター　20g
砂糖　大さじ2

ポイント
りんごの上に生地を流し込んだら、ふたをして焼いてください。りんごの旬でない時期は、缶詰のパイナップルなどでも。

作り方

1 りんごは皮つきのまま4等分に切って芯を取り、5mm厚さに切る。側面用の3〜4枚は、さらに半分に切る。

2 ホットケーキミックスと卵、牛乳をボウルに入れ、泡立て器で混ぜ合わせる。

3 フライパンにバターと砂糖を入れて中火にかけ、バターが溶けて軽く色づいてきたら1のりんごを並べる。りんごはフライパンの底面と側面に並べる（a、b）。

4 3に2を全量入れ、ふたをして中弱火で焼く（c、d）。

5 表面がふつふつしたら裏返し、裏面も同様に焼く。

料理を作る前に知っておきたい 食材の基本

おいしい料理は、新鮮で安全な食材を選ぶことからはじまります。
そして、購入した食材は、適切に保存し最後まで使い切ることが大切です。
ここでは、日常よく使う食材について、簡単な栄養の知識と選び方、保存方法をご紹介しましょう。
食品を上手に組み合わせて自分で作って食べることで、
バランスのよい食生活を送ることができます。

■米・パン・パスタなど

栄養：主にエネルギー源となる糖質が含まれます。玄米や胚芽米、全粒粉パン、胚芽パンには、ビタミンB群やビタミンEも多く含まれます。

選び方：米は精米日の新しいものを。パンやパスタなどは包装が破れていないか確認しましょう。

保存方法：米は、湿気が少なく直射日光の当たらない暗い場所で保存しましょう。高温多湿な梅雨どきから夏場は、密閉容器に入れて冷蔵庫で保存するほうが安心です。

■いも類

栄養：糖質に加えて腸の働きをよくする食物繊維が含まれます。じゃがいもやさつまいもはビタミンCの優れた供給源にもなります。

選び方：皮に傷みがなく、芽が出ていないものを。じゃがいもの芽や緑色の皮には、有毒な「ソラニン」が含まれているので取り除きましょう。

保存方法：冷蔵庫には入れないで、風通しのよい涼しい場所で保存しましょう。特にさつまいもは低温が苦手です。

■野菜

栄養：主にビタミンCやミネラル、食物繊維が含まれます。にんじんやほうれんそうなどの色の濃い「緑黄色野菜」には、β-カロテンも多く含まれます。

選び方：色が鮮やかでみずみずしいものを。

保存方法：ポリ袋に入れるかラップに包むなどして、冷蔵庫で保存しましょう。丸のままのにんじんや玉ねぎは、冷蔵庫には入れないで風通しのよい涼しい場所に。

■肉

栄養：主にたんぱく質や脂質が含まれますが、牛肉・豚肉のひれ肉の部分と、鶏の胸肉やささみは脂質が少なめです。

選び方：牛肉は赤褐色、豚肉と鶏肉はピンク色で、弾力があってつやのあるものを。

保存方法：買ってきたらすぐに冷蔵庫で保存しましょう。ポリ袋に入れるなどして、肉から出た汁がほかの食品につかないように注意してください。

■魚

栄養：主にたんぱく質と脂質が含まれます。青魚には、生活習慣病予防に役立つとされているＥＰＡやＤＨＡが多く含まれます。

選び方：パック詰めされた魚は、魚から出た汁がトレイにたまっていないかどうか確認しましょう。切り身を選ぶときは身につやと弾力があり、特にぶりなどの赤身の魚では、血合いが赤く鮮やかなものを。一尾の魚の場合は、目ににごりがなくえらが赤くて鮮やかなものを選びましょう。

保存方法：買ってきたらすぐに冷蔵庫で保存しましょう。ポリ袋に入れるなどして、魚から出た汁がほかの食品につかないように注意してください。

＊ＥＰＡはエイコサペンタエン酸、ＤＨＡはドコサヘキサエン酸のこと。脂肪酸の一種。

■卵

栄養：良質のたんぱく質が含まれます。

選び方：賞味期限を確認し、ひび割れのないものを。割ってみて、卵黄・卵白がしっかりと盛り上がっているほうが新鮮です。

保存方法：卵のとがったほうを下にして冷蔵庫に保存しましょう。生や半熟で食べたいときは、賞味期限内のものを。

■牛乳・乳製品

栄養：主に良質のたんぱく質とカルシウムが含まれます。

選び方：賞味期限を確認しましょう。

保存方法：冷蔵庫に保存し、開封後はにおいを吸着しやすいのでパックの口はしっかりと閉じ、早めに使い切るようにしましょう。

■調味料

栄養：塩分のとりすぎに注意しましょう。意外に塩分が高いのが固形スープの素や顆粒の鶏がらスープです。

選び方：賞味期限を確認しましょう。油は直射日光が当たる場所に置かれたものは劣化していることがあるので、購入しないほうがいいでしょう。

保存方法：一般に未開封のものは常温で大丈夫ですが、塩、砂糖、酢、油以外の調味料は開封したら冷蔵庫で保存しましょう。

〔コラム〕**期限表示と五感**

捨てる前に、五感で確認を！

食品の袋や容器に表示されている消費期限と賞味期限は、どちらも未開封の状態の食品について、食べられる期限を示したものですが、両者では意味が違います。

消費期限は「安全に食べられます」という期限。主に傷みやすいパック詰めされた肉や魚、豆腐などにつけられていて、消費期限の場合は、安全性が保証されていないので期限をすぎたら食べないほうがよいでしょう。一方の賞味期限は、「品質が保たれ、おいしく安全に食べられます」という期限。牛乳、ソーセージ、缶づめなどにつけられていて、この期限を過ぎたからといって、すぐに食べられなくなるわけではありません。期限の日にちだけを見てすぐに廃棄するのではなく、捨てる前に自分の五感を使って中身を確かめるようにしましょう。カビが生えていないか、異臭がしないか、ベタついていないかなどがチェックポイントになります。

＊食物アレルギーのある人は、食材の取り扱いには注意しましょう。

監修　「環境に優しい食育協議会」委員
曽我部多美（全国小学校家庭科教育研究会　会長）

料理を作る前に知っておきたい 調理の基本

私たちは、味はもちろんのこと、見た目やにおい、食べたときの音、食感（歯ごたえ、舌触り）など、五感すべてでおいしさを感じています。おいしいと感じることは、精神的に満たされるだけでなく、体の健康にもつながります。また、おいしさがわかれば、自分で調理して食べよう！という意欲が生まれます。ふだんから何らかのかたちで調理したものを食べていますが、調理のいちばんの目的はおいしくするためではないでしょうか。
ここでは、調理とおいしさの関係について、科学的な視点からご説明しましょう。

■調理の目的を
　あらためて考えてみましょう

調理には加熱に加えて洗う、切るといった作業も含まれます。洗うことで野菜などに付着していた汚れは取り除かれますし、高温で加熱することで細菌は死滅し安全性が高まります。また、加熱には食材を消化吸収されやすい状態にするという働きもあります。たとえば、米はそのままでは食べられませんが、水と一緒に加熱するとデンプンの糊化が起こってやわらかくなり、消化酵素の作用を受けやすくなります。

調理の目的には、**食品をおいしくする**
　　　　　　　　消化吸収しやすくする
　　　　　　　　安全性を高める　があります。

■食材の組み合わせによって
　うまみが強くなります

素材の持つうまみ成分を生かした究極がだしといえるでしょう。和食ではかつお節、昆布、干ししいたけ、煮干しなどからだしを取りますが、ふだんの料理の中で最もよく使われるのが昆布とかつお節の合わせだしです。その理由は、昆布とかつお節を組み合わせることでうまみが強まるからです。昆布に含まれるうまみ成分はグルタミン酸、かつお節や煮干しの成分はイノシン酸、干ししいたけの成分はグアニル酸です。うまみの相乗効果は、「グルタミン酸×イノシン酸」のほか「グルタミン酸×グアニル酸」の組み合わせでもみられます。

うまみ成分は上記のだしの素材だけでなく、トマトやチーズ、キャベツ、肉、魚などにも含まれています。この本の中でチーズをのせて焼いた豚肉料理（34ページ）や魚介のトマト煮（82ページ）をご紹介していますが、トマトやチーズのグルタミン酸と魚や豚肉のイノシン酸の相乗効果で、濃厚な味わいに仕上がります。

■野菜を炒めることで
　風味と栄養成分の吸収がアップ

油脂といっしょに加熱するのが「炒める」という調理法ですが、炒めることで油脂の風味が加わりおいしさが増します。
にんじんやピーマン、ほうれんそう、トマト、かぼちゃなど、色の濃い野菜にはβ-カロテンが含まれていますが、β-カロテンは油脂に溶ける性質があるため、油と一緒に調理をすると吸収率が高まります。トマトに含まれるリコピンも同じ脂溶性なので、油を使った調理法がおすすめです。

■たれをつけて焼いた肉や魚に おいしそうな焼き色がつくのはなぜ？

肉はフライパンやグリルなどで焼いたり、煮るなどして食べます。たとえば、肉をフライパンで焼いた場合、肉の赤やピンク色が徐々に灰褐色に変化し、さらに焼き続けると香ばしいにおいとともに焼き色がつきます。これは肉に含まれるアミノ酸と糖などが熱によって反応するためです（これを「アミノカルボニル反応」といいます）。したがって、塩、こしょうだけで焼くよりも、みりんや砂糖など、糖分を多く含むたれにつけたほうが、焼き色がつきやすくなります。豚肉のしょうが焼き（64ページ）やぶりの竜田焼き（84ページ）でも、みりんとしょうゆのたれにつけてから焼いているので、おいしそうな焼き色に仕上がります。

■野菜の持ち味を 生かす調理法は？

野菜はビタミンCやミネラル、食物繊維の優れた供給源です。かさを減らしてたっぷり食べられることから、野菜を加熱した温野菜が人気です。ところが、ビタミンCやミネラルは水中に流出してしまうため、加熱する際には注意が必要です。ゆでる場合はできるだけ短時間にしましょう。アクの少ない野菜はゆでるよりも蒸したほうが栄養成分の損失が少なく、野菜の風味も残るのでおすすめです。

この本の中ではフライパンやグリルを使った蒸し煮や蒸し焼きの方法をご紹介しています（36ページ「白あえサラダ」、54ページ「石焼き風ビビンバ」など）。野菜の持ち味を生かすことができる調理法です。

■青菜はゆでたあと 冷水にとることで、色鮮やかに

色鮮やかにゆであがった青菜、色白の酢れんこんなどは見た目も美しく、食欲がそそられます。ほうれんそうのおかかあえ（80ページ）では、ほうれんそうをゆでたあと冷水にとっていますが、これは鮮やかな緑色に仕上げるため。緑色の正体はクロロフィルですが、冷水にとらないとクロロフィルが化学変化を起こし緑褐色になってしまいます。また、えぐみのある野菜では、冷水にとることは、それらを取り除く意味もあります。

同じ緑色の野菜でもアクの少ないブロッコリーやいんげんは、ゆでたあと冷水にとる必要はありません。ざるに広げてうちわであおぐなどして、すぐに冷ますだけで大丈夫です。

監修　「環境に優しい食育協議会」委員
久保田紀久枝（お茶の水女子大学　名誉教授）

監修
　環境に優しい食育協議会

企画プロデュース
　工藤裕子・上南昭子・杉山智美（東京ガス）

撮影　青砥茂樹（本社写真部）

装丁・本文デザイン　茂木隆行

スタイリング　鈴木亜希子

イラスト　原田ゆき子

編集　熊谷美智世

協力
　石川由花・大 雅世・吉田智子（東京ガス「食」情報センター）

■ **レシピ制作**（五十音順）
アツオワタナベ（料理研究家）
上田靖子（「クッキングサロン エリゼ」主宰）
大川真澄（ABC Cooking Studio）
大高智子（「cookery A-five」主宰 料理研究家）
大野治美（管理栄養士）
大矢るり子（食育研究家／東京都公立小学校家庭科研究会　顧問）
小栁津大介（「おこん」 代表取締役）
川島 薫（イタリア家庭料理講師）
鹿間文子（調理師）
高田史子（料理家／フードビジネス・コーディネーター／企業専属シェフ）
高橋善郎（料理研究家）
中西敬貴（Art of Dining chef／料理研究家）
橋本加名子（「アジアサロン　おいしいスプーン」主宰）
福留奈美（フードコーディネーター／メニュープランナー）
堀 祐子（「堀クッキング教室」主宰）
松林厚子（料理研究家）
満留邦子（フードコーディネーター／管理栄養士）
宮本久美子（「ラトリエ ド クーベ」主宰）
山田美紀子（料理教室「y's table salon」主宰）
結城奈佳（「我が家の韓国料理教室」主宰）
りんくんぴ（「中国精進料理　凛林」主人）

＊料理のレシピ制作者名が特に表記されていないものは、
　東京ガス「食」情報センターが制作。

■ **料理制作**
東京ガス　Studio +G GINZA　スタッフ
　市川智美・内山けい子・後藤由佳・斉藤真理子・
　戸村久恵・堂薗寛子

ガスの炎でおいしい楽エコごはん

2015年3月20日　第一刷発行

著　者　東京ガス「食」情報センター

発行者　森 武文
発行所　株式会社　講談社
　　　　〒112-8001
　　　　東京都文京区音羽2-12-21

印刷所　大日本印刷株式会社
製本所　株式会社国宝社

［この本についてのお問い合わせ先］
企画制作部　03-5395-3644
販売部　　　03-5395-3606
業務部　　　03-5395-3615

落丁本・乱丁本は、購入書店名を明記のうえ、小社業務部あてにお送りください。
送料小社負担にてお取り換えいたします。
なお、この本の内容についてのお問い合わせは、
企画制作部あてにお願いいたします。
定価はカバーに表示してあります。
本書のコピー、スキャン、デジタル化等の無断複製は著作権法上での例外
を除き禁じられています。
本書を代行業者等の第三者に依頼してスキャンやデジタル化することは、
たとえ個人や家庭内の利用でも著作権法違反です。
ISBN 978-4-06-219376-4
©Tokyo Gas, Kodansha 2015,Printed in Japan